賴炎元
黃俊郎　注譯

新譯孝經讀本

三民書局

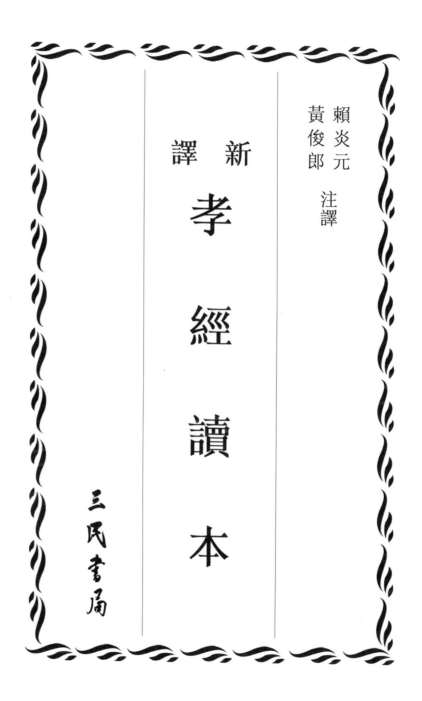

刊印古籍今注新譯叢書緣起

劉振強

人類歷史發展，每至偏執一端，往而不返的關頭，總有一股新興的反本運動繼起，要求回顧過往的源頭，從中汲取新生的創造力量。孔子所謂的述而不作，溫故知新，以及西方文藝復興所強調的再生精神，都體現了創造源頭這股日新不竭的力量。古典之所以重要，古籍之所以不可不讀，正在這層尋本與啟示的意義上。處於現代世界而倡言讀古書，並不是迷信傳統，更不是故步自封；而是當我們愈懂得聆聽來自根源的聲音，我們就愈懂得如何向歷史追問，也就愈能夠清醒正對當世的苦厄。要擴大心量，冥契古今心靈，會通宇宙精神，不能不由學會讀古書這一層根本的工夫做起。

基於這樣的想法，本局自草創以來，即懷著注譯傳統重要典籍的理想，由

第一部的四書做起，希望藉由文字障礙的掃除，幫助有心的讀者，打開禁錮於古老話語中的豐沛寶藏。我們工作的原則是「兼取諸家，直注明解」。一方面熔鑄眾說，擇善而從；一方面也力求明白可喻，達到學術普及化的要求。叢書自陸續出刊以來，頗受各界的喜愛，使我們得到很大的鼓勵，也有信心繼續推廣這項工作。隨著海峽兩岸的交流，我們注譯的成員，也由臺灣各大學的教授，擴及大陸各有專長的學者。陣容的充實，使我們有更多的資源，整理更多樣化的古籍。兼採經、史、子、集四部的要典，重拾對通才器識的重視，將是我們進一步工作的目標。

古籍的注譯，固然是一件繁難的工作，但其實也只是整個工作的開端而已，最後的完成與意義的賦予，全賴讀者的閱讀與自得自證。我們期望這項工作能有助於為世界文化的未來匯流，注入一股源頭活水；也希望各界博雅君子不吝指正，讓我們的步伐能夠更堅穩地走下去。

新譯孝經讀本 目次

附錄

代序——儒家孝道思想的形成及其發展

孝是我國傳統的美德，最早記載孝行的文獻是《尚書》〈堯典篇〉記載虞舜的德行說：「瞽子，父頑，母嚚，象傲；克諧以孝，烝烝乂不格姦。」虞舜的父母愚昧，弟弟傲慢，他盡心侍奉父母，感化了弟弟，贏得帝堯的賞識，而把帝位禪讓給他，所以孔子稱讚他說：「舜其大孝也與！」（見《禮記・中庸篇》）周武王繼承父志，滅商興周，周公繼承父兄之志，制禮作樂，建立周朝的宗法制度，所以孔子稱讚說：「武王、周公其達孝矣乎！夫孝者善繼人之志、善述人之事者也。」（見《禮記・中庸篇》）成王封康叔於衛，告誡康叔說：「元惡大憝，矧惟不孝不友。」（見《尚書・康誥篇》）又任命君陳治理成周，告誡他說：「惟孝友于兄弟，克施有政。」（見《尚書・君陳篇》）從以上所引資料看來，我國自古以來施政都重視孝道。孔子繼承堯舜以來的文化傳統，建立以「仁」為中心的學術體系，他以孝作為實踐仁道的根本，因此他教導學生做人的第一件要事，就是孝悌，他說：

「弟子入則孝，出則弟，謹而信，汎愛眾，而親仁。行有餘力，則以學文。」(見《論語・學而篇》)

從上文可知，孔子視孝為行方面的事，因此他回答學生問孝，只指點他們應該如何做，而不對孝作概念上的界定。至於如何實踐孝道，孔子回答學生子游說：

「今之孝者，是謂能養。至於犬馬，皆能有養；不敬，何以別乎？」(見《論語・為政篇》)

從這段話可知，孔子所謂孝，包括養和敬兩層意義，所以他回答子夏問孝說：「色難。有事，弟子服其勞，有酒食，先生饌，曾是以為孝乎？」(見《論語・為政篇》)所謂「有事，弟子服其勞，有酒食，先生饌」，這只是奉養父母的口體，只能算是小孝；和顏悅色是發自內心的敬，比較困難，所以說「色難」；從孔子回答子游子夏的話，可知他論孝特別重視敬。然而孝敬父母不僅在他們活著的時候，所以孔子對樊遲說：「生，事之以禮；死，葬之以禮，祭之以禮。」(見《論語・為政篇》)在父母去世後，還要「葬之以禮，祭之以禮」。然而孔子重視孝，只是把孝當作一般人行為起碼的要求，並不把它當作德行上最高的成就。《論語・子路篇》記載：

> 「子貢問曰：『何如斯可謂之士矣？』子曰：『行己有恥，使於四方，不辱君命，可謂士矣。』曰：『敢問其次？』曰：『宗族稱孝焉，鄉黨稱弟焉。』」

孔子認為做到「行己有恥，使於四方，不辱君命」，才配稱為「士」。「士」就現在來說是一般知識分子，他在德行的成就上來說，比「君子」和「成人」要低，而「宗族稱孝，鄉黨稱弟」的人，在人格的等第上比「士」還要低，可見孝悌只是對一般人行為起碼的要求。因此《論語・陽貨篇》記載：孔子的學生宰予認為為父母守三年之喪，時間太久了，提出縮短為一年的意見，這種連一般人孝敬父母的行為都做不到，所以孔子深深地責備他說：「予之不仁也！」孔子以仁為做人的最高準則，然而實踐仁道，必須從孝悌做起。《論語・學而篇》記載有子說：「孝弟也者，其為仁之本與？」有子不僅以孝悌為做人起碼的條件，而且為必要的條件，可說深深體悟到孔子的教訓。

在孔子的學生當中，最能實踐孝道，發揮孝道思想的是曾子。《孟子・離婁篇上》記載曾子的孝行說：

「曾子養曾皙，必有酒肉；將徹，必請所與；問有餘？必曰：『有。』曾皙死，曾元養曾子，必有酒肉；將徹，不請所與；問有餘？曰：『亡矣。將以復進也。』此所謂養口體者也。若曾子，則可謂養志也。事親若曾子者，可也。」

孟子批評曾元奉養父母的口體，只能算是「養」；曾子能養父母的心志，已做到「敬」的地步。《禮記・內則篇》記載曾子闡述「養」和「敬」的道理，他說：

「孝子之養老也，樂其心，不違其志，樂其耳目，安其寢處，以其飲食忠養之，孝子之身終。終身也者，非終父母之身，終其身也。是故父母之所愛亦愛之，父母之所敬亦敬之，至於犬馬盡然，而況於人乎！」

曾子這段話除了闡述「養」和「敬」的道理外，又提出「終身」之孝，所謂終身之孝是指終人子的一生孝敬父母，因此曾子更提出「敬身」的理念，他說：

「身也者，父母之遺體也，行父母之遺體，敢不敬乎？居處不莊，非孝也；事君不忠，非孝也；涖官不敬，非孝也；朋友不信，非孝也；戰陳無勇，非孝也。五者不遂，烖及於親，敢不敬乎？……眾之本教曰孝，其行曰養。養，可能也，敬為難；敬，可能也，安為難；安，可能也，卒為難。父母既沒，慎行其身，不遺父母惡名，可謂能終矣。仁者，仁此者也；禮者，履此者也；義者，宜此者也；信者，信此者也；強者，強此者也。樂自順此生，刑自反此作。」（見《禮記．祭義篇》）

從以上所引兩段話可知，曾子論孝，著重發揮「敬」的意義。如何「敬愛」父母，首先要求自己「敬愛」父母所遺留給我們的身體；再往外推展，「敬愛」父母所敬愛的人。一個人能做到「居處莊」、「事君忠」、「涖官敬」、「朋友信」、「戰陳勇」，把敬愛父母的「孝」，推廣到修身、待人、事君、從政上去，才算是「孝」；而「仁」、「義」、「禮」、「信」、「勇」諸德行，也就是「孝」的體現，曾子可說把孝道思想發揮盡致了。至於孝道的實踐，曾子把它分為三個等第，他說：

「孝有三：小孝用力，中孝用勞，大孝不匱。思慈愛忘勞，可謂用力矣；尊仁安義，可謂用勞矣；博施備物，可謂不匱矣。」（見《禮記・祭義篇》）

這段話的意思是說：思念父母撫育的恩惠，忘記身體的疲勞，竭力奉養父母，可說是用力，這是小孝；尊崇仁道，安然行義，建立事功，可說是勞心，這是中孝；推廣愛心，使大眾受到恩惠，父母死後，人們都備禮來參加祭祀，可說是終身行孝，這是大孝。同在〈祭義篇〉裡，曾子又說：「孝有三：大孝尊親，其次弗辱，其下能養。」我們把兩段話互相參看，就更能瞭解曾子的意思了。在《大戴禮記》中有〈曾子本孝〉、〈曾子立孝〉、〈曾子大孝〉、〈曾子事父母〉等篇，這些都是曾子的後學記錄曾子有關孝道的言行，從此可瞭解曾子對孝道的實踐了。

曾子以後，最能發揮孝道思想的是孟子，孟子是子思學生的學生，而子思又是曾子的學生，因此孟子論孝，可說是秉承曾子的學說，進一步加以闡述。孟子學術思想的中心是「性善說」，他認為每個人生下來都具有「惻隱」、「羞惡」、「辭讓」、

「是非」四種心，這也就是「仁」「義」「禮」「智」四種德性的端緒，然而這四種德性具體表現在那裡呢？孟子說：

「仁之實，事親是也。義之實，從兄是也。智之實，知斯二者弗去是也。禮之實，節文斯二者是也。」（見《孟子·離婁篇上》）

這段話的意思是說：仁的具體表現在侍奉父母，義的具體表現在順從兄長；侍奉父母是孝，順從兄長是悌；智的具體表現是明白孝悌的道理而堅持下去，禮的具體表現是對孝悌能作適當的調節和修飾。換句話說，人要完成「仁」「義」「禮」「智」四種德性，必須先從孝悌做起。孟子又從上古埋葬父母的禮俗來說明子女孝心的產生，他說：

「蓋上世嘗有不葬其親者，其親死，則舉而委之於壑。他日過之，狐狸食之，蠅蚋姑嘬之；其顙有泚，睨而不視。夫泚也，非為人泚，中心達於面目。蓋歸反虆梩而掩之。掩之誠是也，則孝子仁人之掩其親，亦必有道矣。」（見《孟子·滕文

公篇上》）

孟子認為古代埋葬父母是起於子女不忍之心自然的流露，這種不忍之心就是孝心。因此當孟子的學生充虞對他厚葬母親提出疑問時，孟子回答說：

「古者棺椁無度。中古棺七寸，椁稱之，自天子達於庶人；非直為觀美也，然後盡於人心。不得，不可以為悅；無財，不可以為悅；得之為有財，古之人皆用之，吾何為獨不然？且比化者，無使土親膚，於人心獨無恔乎？吾聞之也：君子不以天下儉其親。」（見《孟子．公孫丑篇下》）

孟子這段話主要說明他所以把埋葬母親的棺木做得厚一點，無非是竭盡人子一番孝心。而孟子稱讚舜為大孝，他說：

「不得乎親，不可以為人；不順乎親，不可以為子。舜盡事親之道，而瞽瞍厎豫；瞽瞍厎豫而天下化，瞽瞍厎豫而天下之為父子者定。此之謂大孝。」（見《孟子．

離婁篇上》）

舜的父親瞽瞍是一個不明是非善惡的人，舜竭盡心力侍奉他，順從他的心意，博得他的歡心；舜的作為，使天下的人受到感化，風俗因此轉移，父子的倫常因此確定，所以孟子稱讚他是大孝的人。儒家論孝，從孔子所提出的「養」和「敬」，到曾子的「養志」，以至於孟子的「盡心」，他們的說法雖然不同，但是理路卻是一貫的。

荀子生於孟子以後大約四、五十年，他主張的「性惡說」，正與孟子相反。他認為人生下來就具有好利疾惡的本性、喜好聲色的性情，如果放縱人的情欲，一定造成人與人之間的爭奪，而導致暴亂，他從人的行為造成不好的結果來斷定人性是惡的。因此他說：

「今人之性，飢而欲飽，寒而欲煖，勞而欲休，此人之情性也。今人飢，見長而不敢先食者，將有所讓也；勞而不敢求息者，將有所代也。夫子之讓乎父，弟之讓乎兄；子之代乎父，弟之代乎兄；此二行者，皆反於性而悖於情也；然而孝子之道，禮義之文理也。故順情性則不辭讓矣，辭讓則悖於情性矣。」（見《荀子・

性惡篇》）

荀子認為「飢而欲飽，寒而欲煖，勞而欲休」是人的本性，而「子之讓乎父，弟之讓乎兄；子之代乎父，弟之代乎兄」，這是禮義教化的結果，是違反人的本性的，所以他又說：

「天非私曾騫孝己而外眾人也，然而曾騫孝己獨厚於孝之實，而全於孝之名者，何也？以綦於禮義故也。」（見《荀子・性惡篇》）

荀子認為曾參、閔子騫、孝己對父母的孝敬，完全是後天受到禮義教化所得的結果，與孟子所說：「孩提之童無不知愛其親者。」（見《孟子・盡心篇上》）認為愛親之心是先天所具有的完全不同；然而孟子主張發揮人先天具有「愛親」之心去孝敬父母，跟荀子主張憑藉禮義來培育對父母的孝順，他們最終的目的是相同的。

儒家從孔子以後到秦、漢，大約三百多年的時間，在這期間，儒家學者除了曾子、孟子、荀子以外，還有他們的學生和門徒，這些學者承繼早期儒家孝道思想，加以闡述，並且把這些思想落實在日常生活中，而制定各種禮節，他們的學說大部分收集在《禮記》和《大戴禮記》中。《禮記‧祭統篇》申述孔子的話，說：

「孝子之事親也，有三道焉：生則養，沒則喪，喪畢則祭。養則觀其順也，喪則觀其哀也，祭則觀其敬而時也。盡此三道者，孝子之行也。」

這段話概括地說明《大小戴禮記》有關子女孝敬父母的禮節，主要在於「生則養，沒則喪，喪畢則祭」三個過程中。所謂「養則觀其順」，《禮記》〈曲禮〉、〈文王世子〉、〈內則〉等篇就是記述子女侍奉父母的禮節。至於喪禮和祭禮，《大小戴禮記》中有一部分是承襲荀子的說法，如《禮記》〈奔喪〉、〈檀弓〉、〈曾子問〉、〈喪大記〉、〈喪服小記〉、〈問喪〉、〈服問〉、〈間傳〉、〈三年問〉等篇是記述喪禮的服飾和禮節，說明「喪則觀其哀」的道理；《禮記》〈祭法〉、〈祭義〉、〈祭統〉等篇則說明「祭則觀其敬而時」的道理。

儒家討論孝道的一部專書，就是《孝經》，《孝經》大概是戰國前期儒家學者所寫成的。這部書的內容雖然有些地方跟孔子、曾子和孟子以來的孝道思想不完全相合，然大體上是根據他們的學說加以發揮的。全書共有十八章，第一章〈開宗明義章〉就揭示全書的總綱說：「夫孝，始於事親，中於事君，終於立身。」把侍奉父母的孝，擴充為奉事君主、服務國家的忠，而以立身行道為終極的目標；接著以下五章論天子、諸侯、卿大夫、士和庶人行孝的方式，雖各有所當，但以「愛」「敬」來侍奉父母卻是一致的；所以接著〈三才章〉說：「夫孝，天之經也，地之義也，民之行也。」這是《孝經》全書論孝的總義，其下各章大致根據這個理念加以闡述。總之《孝經》這部書是承繼曾子一派的學說，把子女愛敬父母的心，往內省察，珍惜自己的生命和人格；往外擴充，敬重尊長，愛護君王，愛護國家以至於天下人民；把修身、齊家、治國、平天下的道理都涵攝在孝道當中，所以〈感應章〉說明孝悌的功效說：「孝悌之至，通於神明，光於四海，無所不通。」

自從漢武帝採納董仲舒的建議，罷黜百家，表彰六經，形成儒家獨尊的局面，《孝經》為儒家重要的經典，因此也受到帝王卿相學者的重視，而規定為一般學校必讀的書籍。當時朝廷標榜孝道，以孝道作為政治教化的指導原則，從惠帝以後，皇帝的諡號都加上一個孝字，如孝惠帝、孝文帝等，同時詔令天下郡國舉拔孝廉，這些宣揚孝道的措施，對當時社會人心具有一定程度的影響；東漢光武帝更崇尚節義，敦厲名實，蔚然形成淳樸敦厚的風俗。從魏晉南北朝以至清代，雖然有不少帝王學者倡導孝道，如梁武帝撰《孝經義疏》，唐玄宗撰《孝經注》，但是遠不如兩漢那麼積極，然而《孝經》由於文字淺顯，容易瞭解，兩千年來一直為學校學生必讀的書籍，因此孝道思想乃普遍深入民間；其間難免有些腐儒作出愚忠愚孝的言論和行為，造成一般人對儒家孝道思想的誤解，甚至於近代有人提出非孝的主張，如果他們讀《孝經・諫諍章》所說：「故當不義，則子不可以不爭於父，臣不可以不爭於君。故當不義則爭之，從父之令，又焉得為孝乎？」就可以瞭解孝道的真諦了。雖然如此，《孝經》是兩千年前的人寫成的，由於時代的改變，有些觀念和禮俗未必能適合於現代，但是它所涵攝的理念實為我國倫理思想的中心，從敬愛父母，進而尊敬長上，愛護人民，以至於愛護萬物，這就是孟子在〈盡心篇上〉所說：「親親而仁民，仁民而愛物」的意思。宋代大學者張載在〈西銘〉中說：「民吾同胞，物吾與也。」這種偉大的胸襟就是從敬愛父母開始培養的。我國的教育是以培育青年愛護國家、愛護民族為宗旨，想要達成這個目標，提倡孝道實為當前教育應該重視的課題。

三民書局董事長劉振強先生計劃擴充該書局出版的古籍今注新譯叢書，邀請我和黃俊郎教授注譯《孝經》這部書，在完成這部書的注譯後，更蒐集《尚書》、《詩經》、《左傳》、《公羊傳》、《穀梁傳》、《國語》、《論語》、《孟子》、《荀子》、《大小戴禮記》等書中有關孝道的篇章，附錄在本書的後面，讀者藉此可以瞭解儒家孝道思想產生的淵源及其發展的概況。本書的注譯如有疏漏錯誤的地方，誠懇地希望讀者給予指正。

賴炎元

孝經略說

一、書名

《孝經》為十三經之一，是儒家闡發孝道的主要典籍。全書文字不滿兩千，但流傳廣遠，對中國社會的影響至深且鉅，歷代帝王、學者無不尊崇此書。

《孝經》一書，自始即稱為「經」，其書名之由來，據《漢書・藝文志》說：「夫孝，天之經，地之義，民之行也。舉大者言，故曰《孝經》。」邢昺《孝經正義》引皇侃《義疏》說：「經者，常也，法也。此經為教，任重道遠，雖復時移代革，金石可消，而為孝事親常行，存世不滅，是其常也；為百代規模，人生所資，是其法也。言孝之為教，使可常而法之。《易》有〈上經〉、〈下經〉，《老子》有〈道經〉、〈德經〉。孝為百行之本，故名曰《孝經》。」

由此可知：孝道為我國傳統的美德，是個人立身處世的根本，也是執政者治理天下的準則，而《孝經》就是在闡述這永恆不變的大道理。

二、作　者

《孝經》的作者是誰？歷代學者對於這個問題，持論紛紜，莫衷一是。歸納起來，約有六說：

(一)孔子自撰

班固《漢書・藝文志》說：「《孝經》者，孔子為曾子陳孝道也。」邢昺《孝經正義》引鄭玄《六藝論》說：「孔子以六藝題目不同，指意殊別，恐道離散，後世莫知根源，故作《孝經》以總會之。」

(二)曾子所錄

孔安國《古文尚書・序》說：「曾子躬行匹夫之孝，而未達天子諸侯以下揚名顯親之事，因侍坐而諮問焉。故夫子告其誼，於是曾子喟然知孝之為大也，遂集而錄之，名曰《孝經》。」陶潛《五孝傳》說：「至德要道，莫大於孝，是以曾參受而書之。游、夏之徒，常咨稟焉。」

㈢曾子弟子編輯成書

晁公武《郡齋讀書志》說：「今其首章云：『仲尼居，曾子侍。』則非孔子所著明矣。詳其文義，當是曾子弟子所為書也。」王應麟《困學紀聞》引胡寅說：「《孝經》非曾子所自為也。曾子問孝於仲尼，還而與門弟子言之，門弟子類而成書。」

㈣子思所作

王應麟《困學紀聞》引馮椅說：「子思作〈中庸〉，追述其祖之語乃稱字，是書當成於子思之手。」倪上述《孝經刊誤辨說》：「《孝經》……考之本文，揆諸情事，確為曾氏門人所記，且斷然與《大學》、《中庸》同出於子思。此三書之中，於仲尼則稱字，祖也；於曾子則稱子，師也。」

㈤七十子徒之遺書

《四庫全書總目提要》說：「今觀其文，去二戴所錄為近，要為七十子徒之遺書。」阮元《石刻孝經論語記》：「《孝經》《論語》，皆孔門弟子所譔。」

姚際恆《古今偽書考》說：「是書來歷出於漢儒，不惟非孔子作，併非周秦之言也。……勘其文義，絕類《戴記》中諸篇，如〈曾子問〉、〈哀公問〉、〈仲尼燕居〉、〈孔子閒居〉之類，同為漢儒之作。」

(六)漢儒所撰

綜上所述，《孝經》一書，漢代學者多認為是孔子所作，或者說是曾子集錄的。到了宋代，才有人說是曾子弟子或子思所作，但這些說法，大多是揣測之辭；而清代的學者懷疑是出自漢儒之手，但《呂氏春秋》〈孝行〉、〈察微〉兩篇曾引用《孝經・諸侯章》文字，蔡邕〈明堂月令論〉及賈思勰《齊民要術・耕田篇》並引魏文侯《孝經傳》之說。孝《呂氏春秋》成於秦王政七年（西元前二四〇年），魏文侯於西元前四二四年至三八七年在位，而傳是用來解經的，那麼《孝經》的成書年代，必定早於魏文侯，恐非漢儒的著作。因此我們說《孝經》撰作的本意，出自孔子，以授曾子，但著於竹帛，傳諸後世，那是出於曾子一派的後學者，因為推究制作本意，所以作者仍然追題先師孔子之名，這種說法，應當比較適切而穩當。

三、今文與古文的流傳

《孝經》一書，有今文和古文的分別。《漢書・藝文志》著錄有二本：一是今文本，十八章；秦焚書時，為河間人顏芝所藏，漢惠帝廢除挾書律後，芝之子貞獻給河間獻王，因為是用漢隸書寫的，故稱《今文孝經》。一為古文本，二十二章；漢武帝時，魯恭王為擴充宮殿，拆毀孔子舊宅，得到用先秦時文字書寫的《孝經》，故稱《古文孝經》。

今古文的分歧，是我國經學史上的一大公案，學者各持己見，互相論辯，累數十世而未已。《孝經》雖亦有今古文之分，但因為篇幅不多，文字容易瞭解，對於孝道意義的闡述，並沒有什麼不同的地方。所以在漢代，今古文《孝經》並行。根據《漢書・藝文志》記載：今文由長孫氏、博士江翁、少府后倉、諫大夫翼奉、安昌侯張禹傳授，各自名家。其後又有鄭氏注《孝經》一卷，相傳是鄭玄所作，但有人說是鄭玄的嫡孫鄭小同所注，這也是歷來研究《孝經》學者所爭論的一個問題。晉武帝時，曾經兩次會聚群臣，共同討論經義，孟昶撰集《孝經》諸說，以鄭氏為宗。

關於《古文孝經》，《隋書・經籍志》記載：漢武帝時，孔安國曾經作傳。南朝梁時，孔傳古文亡佚，隋代王劭訪得孔傳古文，送給劉炫，劉炫作義疏，傳授學生，其事聞於朝廷，遂與鄭注共立為學官。當時學者就懷疑劉炫的古文孔傳，並非孔安國的舊本，而是劉炫所偽作。

到了唐代，玄宗召集群儒，議論今文鄭注、古文孔傳的是非得失。劉知幾列舉十二驗以證鄭注之非，主張採用孔傳，廢除鄭注；而司馬貞則堅斥孔傳為偽作，多鄙俚不經，力主今文鄭注為正。其後玄宗採用今文本，就先儒注中，採摭菁英，芟去煩亂，另行作注，並詔元行沖作疏，開元十年（西元七二二年）六月書成，頒布於天下，此即《玄宗御注孝經》，一名《開元始經》。後來玄宗自覺並未盡善，又加修訂，天寶二年（西元七四三年）五月書成，並於四年九月刻石於大學，謂之「石臺孝經」。宋真宗時，邢昺等奉敕據《石臺孝經》作正義，但其中多以元行沖的疏為藍本，這就是現在通行的《十三經注疏》本。

唐玄宗注《孝經》採用今文，從此孔傳鄭注皆被廢置。五代之亂，劉炫所得孔安國本《孝經》失傳，宋初祕閣所藏，只有鄭氏注、玄宗注及古文三家而已，但古文有經無傳。於是司馬光撰《古文孝經指解》，范祖禹作《古文孝經說》，而古文乃復行於世。其後，朱熹以《古文孝經》為主，參考今文，著有《孝經刊誤》，把古文本刪除二百二十三字，並移易章次，分為經一章，傳十四章。元朝吳澄另採用今文，撰《孝經定本》，改為經一章，傳十二章。

兩漢以後，研究《孝經》的學者，或紬繹章句，或訓解名物。朱子《孝經刊誤》既出，於是群起變亂章次。清代學術，以漢學為主流，漢唐注疏又為士林所重，學者於是改從今文。如今所見《古文孝經》，則是清乾隆年間，從日本傳來的，阮元認為這是「偽中之偽」。

其實，依照我們今天所看到的今古文本，在經文方面，雖然略有出入，但內容並無多大差異，主要是章節的分合不同而已。根據《漢書・藝文志》著錄，《今文孝經》為十八章，《古文孝經》為二十二章。顏師古注引劉向說：「古文〈庶人章〉分為二也，〈曾子敢問章〉為三，又多一章，凡二十二章。」由此看來，古文多出四章。這是由於今文的〈庶人章〉，古文把它分為〈庶人〉〈孝平〉二章；今文的〈聖治章〉，古文把它分為〈聖治〉〈父母生績〉〈孝優劣〉三章；今文所無，而古文自為一章的，只有〈閨門章〉：「閨門之內，具禮矣乎！嚴父嚴兄，妻子臣妾，繇百姓徒役也。」共二十二字。但《隋書・經籍志》說：「長孫氏有〈閨門〉一章。」則漢初的今文，也有〈閨門章〉。

至於章節的先後次第，今古文小有不同。今文從十三章起的次第是：〈廣至德章〉第十三，〈廣揚名章〉第十四，〈諫諍章〉第十五，〈感應章〉第十六，〈事君章〉

第十七。而古文的次第是：〈廣至德章〉第十六，〈感應章〉第十七，〈廣揚名章〉第十八，〈閨門章〉第十九，〈諫爭章〉第二十，〈事君章〉第二十一。

在文字方面，《漢書》顏師古注引桓譚《新論》說：「古《孝經》千八百七十二字，今異者四百餘字。」但是現在我們所看到的《古文孝經》與今文不同的僅數十字，通常都是在語助詞、連詞、代名詞、介詞的增減，古今用字的差異，或文辭的詳略不同。例如：今文〈開宗明義章〉，古文作〈開宗明誼章〉；今文「仲尼居，曾子侍」，古文作「仲尼閒居，曾子侍坐」；今文「先王有至德要道，以順天下」，古文作「參！先王有至德要道，以訓天下」；他如今文的「無」「懽」「悅」，古文作「亡」「歡」「說」。至於內容方面，今古文《孝經》其實並無不同。

四、價值

儒家典籍，流傳最廣的，當為《論語》與《孝經》。但是《孝經》一書，由於文簡義淺，人人易懂；而孝道為倫常之要，是天子至於庶人所共同遵行的。所以自漢初以來，不但有關著述甚多，而且對於《孝經》極為推崇。我們可以從前人的言論中，瞭解《孝經》的價值：

(一)六經的總會

《隋書・經籍志》：「孔子既敘六經，題目不同，指意差別；恐斯道離散，故作《孝經》以總會之。明其枝流雖分，本萌於孝者。」

呂維祺《孝經或問》：「《孝經》者，五經之總合，百王之大法也。」

(二)道德的根源

邢昺《孝經注疏・序》：「《孝經》者，百行之宗，五教之要。」

黃道周《孝經集傳》：「《孝經》者，道德之淵源，治化之綱領也。六經之本，皆出《孝經》。」

歷代帝王深諳孝道之不可廢，是以尊崇儒術，表彰《孝經》，我們可以從下列有關的史料得到瞭解：

(一)太學置博士

趙岐《孟子題解》：「漢興，除秦虐禁，開延道德，孝文皇帝欲廣遊學之路，《論語》《孝經》《孟子》《爾雅》皆置博士。」

《文獻通考・學校》：「東晉元帝……大興，初欲修立學校，唯《周易》王氏、《尚書》鄭氏、古文孔氏、《毛詩》、《周官》、《禮記》、《論語》、《孝經》鄭氏、《春秋左傳》杜氏、服氏各置博士一人。」

(二)帝王撰作義疏、集注

《隋書・經籍志》：「《孝經義疏》十八卷，梁武帝撰。」

《新唐書・藝文志》：「《今上孝經制旨》一卷，玄宗。」

《四庫全書總目提要・經部》：「《御纂孝經集注》一卷，世宗。」

(三)科舉用以取士

《文獻通考・選舉》：「宋仁宗嘉祐二年，增設明經試法，……各問大義，……兼以《論語》、《孝經》……。」

《續文獻通考・選舉》：「（金）章宗明昌元年，……凡試以六經、十七史、《孝經》、《論語》、《孟子》及《荀》《楊》《老子》內出題。」

(四)詔令天下誦習

《後漢書・儒林傳序》：「明帝即位，……其後復為功臣子孫、四姓末屬別立校舍，搜選高能以受其業，自期門羽林之士，悉令通《孝經》章句，匈奴亦遣子入學。」

《唐會要・修撰》：「開元十年六月二日，上注《孝經》，頒于天下及國子學。至天寶二年五月二十二日，上重注，亦頒于天下。」

《孝經》一書，經由歷代君相師儒的表彰，並引以化民成俗，於是普及群倫，我們從古籍中的記載，可以瞭解它的廣泛應用：

㈠用以立身

《周書・齊煬王憲傳》：「貴字乾福，少聰敏，涉獵經史，尤便騎射。始讀《孝經》，便謂人曰：『讀此一經，足為立身之本。』」

《北史・儒林傳・何妥》：「納言蘇威嘗言於上曰：『臣先人每誡臣云：唯讀《孝經》一卷，足可立身經國，何用多為。』」

㈡用以訓誡

《隋書・鄭譯傳》：「譯又與母別居，為憲司所劾，由是除名。下詔曰：『譯嘉謀良策，寂爾無聞，鬻獄賣官，沸騰盈耳。若留之於世，在人為不道之臣，戮之於朝，入地為不孝之鬼。有累幽顯，無以置之，宜賜以《孝經》，令其熟讀。』仍遣與母共居。」

《新唐書・文藝傳・于公異》：「始，公異與陸贄故有隙，時贄在翰林，聞不喜。世多言公異不能事後母，既仕不歸。及贄當政，乃奏其狀，詔賜《孝經》，罷歸田里。」

㈢用以諷諫

《新唐書・趙弘智傳》：「永徽初，入為陳王師。講《孝經》百福殿，於是宰相、弘文館學士、太學生皆在，弘智舉五孝，諸儒更詰辨，隨問酬悉，舌無留語。高宗喜曰：『試為我陳經之要，以輔不逮。』對曰：『「天子有爭臣七人，雖無道，不失天下。」願以此獻。』帝悅。」

《太平御覽・學部・孝經》：「《漢實錄》曰：敏使於湖南，途出江陵，帥高從誨為贄，是時諫曰：祭酒惠及經書，從誨所識，不過《孝經》十八章爾。敏曰：讀書不在多，至德要道，十八章足矣。敏記〈諸侯章〉云：在上不驕，高而不危，制節謹度，滿而不溢。此一章皆經要言也。時從誨兵敗於郢，謂敏見諷，舉觥以自罰。」

中華文化，繫之於人倫，父子之間，惟孝惟慈。幾千年來，我中華民族能夠綿延至今，成為世界上屹立不搖的文化古國，孝道實為凝聚我家族國族的一股主要的力量。近代科技發達，而孝道日漸淪喪，我們研讀《孝經》這部書，首先應該肯定它的價值，從而發揚傳統的孝道精神。

黃俊郎

開宗明義❶章第一

仲尼居❷，曾子侍❸。子曰：「先王❹有至德要道❺，以順天下❻，民用和睦❼，上下無怨❽。汝知之乎？」曾子避席❾曰：「參不敏❿，何足以知之！」子曰：「夫孝，德之本⓫也，教之所由生⓬也。復坐⓭！吾語⓮汝。身體髮膚⓯，受之父母⓰，不敢毀傷⓱，孝之始也。立身行道⓲，揚名於後世，以顯⓳父母，孝之終也。夫孝，始於事親，中於事君，終於立身。〈大雅〉⓴云：『無念爾祖？聿脩厥德㉑。』」

【章　旨】

這一章是全書的綱領，開示孝道的宗旨。說明以孝為政，則上下無怨；以孝立身，則顯親揚名。

【注　釋】

❶開宗明義　開示全書的宗旨，以說明孝的意義。開，開示。宗，宗旨。明，顯明；說明。義，意義。

❷仲尼居　仲尼，孔子的字。居，閒居。

❸曾子侍　曾子侍坐在旁。曾子，名參，字子輿，春秋時魯國南武城（今山東省費縣西南）人。孔子弟子，天資魯鈍，事親至孝，日三省其身，悟一貫之道，後世稱為宗聖。侍，卑幼者陪從在尊者之側。此指侍坐，在尊長坐席旁邊陪坐。

❹先王　古代聖明的君王。如堯、舜、禹、湯、文王、武王等。

❺至德要道　至高的德行，切要的道理。此處指孝道。

❻以順天下　用來使天下的人和順。以，用來。

❼民用和睦　人民因此相親相愛。用，因此。和睦，相親相愛。

❽上下無怨　尊卑上下，彼此不相抱怨。上下，指尊卑長幼及地位的高下。

❾避席　離開坐席。古人席地而坐，表示尊敬則離席而起。此處指曾子離席起立對答。

❿參不敏　參，曾子自呼己名，表示尊師之意。不敏，不聰敏，自謙之詞。

⓫德之本　德行的根本。人之行莫大於孝，所以說是「德之本」。

⓬教之所由生　一切教化產生的根源。教，教化。教人親愛，莫善於孝，所以說是「教之所由生」。

⓭復坐　返回坐席。曾子起立對答，故使返回原位坐下。

⓮語　告訴。

⓯身體髮膚　身軀、四肢、毛髮、皮膚。

⓰受之父母　承受於父母。之，於。

⓱不敢毀傷　不敢毀壞損傷。孝子之心，以為自己的身體，承受於父母，應當謹慎愛護，勿使毀傷。

⑱立身行道　卓然自立，有所建樹，又能遵行正道，不越軌妄為。

⑲顯　顯耀。

⑳大雅　《詩經》的一部分。《詩經》的內容，根據性質可分為〈風〉、〈雅〉、〈頌〉三種，〈雅〉又分〈小雅〉、〈大雅〉。〈大雅〉共三十一篇，大抵為西周時代的作品。

㉑無念爾祖聿脩厥德　怎麼可以不追念你的先祖呢？要修養自己，發揚他們的美德。這是《詩經・大雅・文王篇》的詩句。聿，發語詞。一說：聿，述；遵循。脩，修養。

【語　譯】

孔子在家閒坐著，他的學生曾參在一旁陪坐。孔子說：「古代聖明的帝王有至高的德行與最切要的道理，他們用這種德行和道理教化人，使天下的人順從，人民因此相親相愛，尊卑長幼都沒有怨恨。你知道這個至德要道嗎？」曾子離開坐席恭恭敬敬地站起來說：「我曾參不夠聰敏，如何能知道這個至德要道呢！」孔子說：「孝道，是所有德行的根本，也是一切教化產生的根源。你坐下來！讓我來告訴你。人的身軀、四肢、毛髮與皮膚都是從父母那兒承受來的，應當謹慎愛護，不敢毀損傷殘，這是實行孝道的開始。自身有所建樹，實行正道，把聲名顯揚於後世，使父母親榮耀，則是實行孝道最終的目的。所以，實行孝道，開始於侍奉雙親，推廣於侍奉君王，最終的目的則是立身行道。《詩經・大雅・文王篇》上說：『怎麼可以不追念你的先祖呢？要修養自己，發揚他們的美德。』」

天子❶章第二

子曰：「愛親者，不敢惡於人❷；敬親者，不敢慢於人❸。愛敬盡於事親❹，而德教加於百姓，刑於四海❺，蓋天子之孝也。〈甫刑〉❻云：『一人有慶，兆民賴之❼。』」

【章　旨】

這一章是說明天子的孝道。天子應以身作則，愛敬父母，然後推己及人，使天下人民受其感化，都能盡孝。

【注　釋】

❶天子　古稱統治天下的君主。意謂接受天命而治理人民，是天帝之子。

❷愛親者不敢惡於人　親愛自己的父母的人，不敢憎惡別人的父母。惡，厭惡；憎恨。

❸敬親者不敢慢於人　尊敬自己的父母的人，不敢輕侮別人的父母。慢，怠慢；輕侮。

❹愛敬盡於事親　竭盡親愛尊敬的心去侍奉父母。盡，竭盡。

❺刑於四海　作為天下的典型。刑，通「型」。法則；模範。四海，古代以為中國四境環海，故稱四方為四海。即天下。一說：稱四夷；根據唐玄宗注。

❻甫刑　《尚書・呂刑篇》的別名。呂侯（一作甫侯）所作。呂侯，周穆王的臣子，為司寇，穆王命他作書，取法夏時輕刑之法，以布告天下。

❼一人有慶兆民賴之　天子一人有善行，天下億萬的民眾都仰賴他。一人，指天子。慶，善事。此處指愛敬父母。兆，十億。一說：萬億。

【語　譯】

孔子說：「親愛父母的人，不敢厭惡別人的父母；尊敬父母的人，不敢輕侮別人的父母。竭盡愛敬的心去侍奉雙親，將這種德行教化推行到百姓的身上，作為天下的典範，這就是天子的孝道。《尚書・甫刑篇》上說：『天子一人有好的行為，天下千千萬萬的民眾都仰賴他。』」

諸侯❶章第三

「在上不驕，高而不危；制節謹度❷，滿而不溢❸。高而不危，所以長守貴也；滿而不溢，所以長守富也。富貴不離其身，然後能保其社稷❹，而和其民人❺，蓋諸侯之孝也。《詩》❻云：『戰戰兢兢，如臨深淵，如履薄冰❼。』」

【章　旨】

這一章是說明諸侯的孝道。諸侯應以謙遜戒慎的態度，遵守法度，節約費用，才能長久保全國家，使人民和樂相處。

【注　釋】

❶諸侯　封建時代，由天子分封的各國國君。周代的諸侯分為公、侯、伯、子、男五等，

可以世襲。

❷制節謹度　約儉費用，慎行禮法。

❸滿而不溢　國家的府庫，財物充裕，而不浪費。滿，指賦稅收入，充滿府庫。溢，水充滿容器而漫出。此處指奢侈浪費的意思。

❹社稷　社是土神，稷是穀神。古時帝王、諸侯，必設立社廟稷廟，以奉祀社稷之神；滅人之國，必變置其社稷，因以社稷為國家的代稱。

❺和其民人　使人民和睦相處。和，此處用為動詞。

❻詩　指《詩經》。下引詩句見《詩經・小雅・小旻篇》。

❼戰戰兢兢如臨深淵如履薄冰　內心恐懼戒慎，好像面對著深淵，好像踐踏在薄冰的上面。戰戰，恐懼的樣子。兢兢，戒慎的樣子。臨，面對。履，踐踏。

【語譯】

（孔子接著說：）「在上位的人態度不驕傲，那麼雖然處於高位而不會發生危險；節儉費用，慎行禮法，那麼雖然國家的府庫充裕而不至於浪費。處於高位而沒有危險，所以能長久保有尊貴；府庫充裕而不浪費，所以能長久保有財富。財富與尊貴不離身，然後才能保有國家，而使人民和睦相處，這就是諸侯的孝道。《詩經·小雅·小旻篇》上說：『我的心恐懼戒慎，就好像走近深淵的旁邊，又好像腳踐踏在薄冰的上面。』

卿大夫❶章第四

「非先王之法服❷不敢服，非先王之法言❸不敢道，非先王之德行不敢行。是故非法不言，非道❹不行；口無擇言，身無擇行❺。言滿天下無口過❻，行滿天下無怨惡❼。三者備❽矣，然後能守其宗廟❾，蓋卿大夫之孝也。《詩》❿云：『夙夜匪懈，以事一人⓫。』」

【章　旨】

這一章是說明卿大夫的孝道。卿大夫無論在服飾、言語、行為各方面，都要合於先王所制定的禮法，才能保其宗廟，以事奉君上。

【注　釋】

❶卿大夫　古時官制，天子有九卿、二十七大夫，都是朝廷的高級官員。卿的地位次於

諸侯；大夫的地位次於卿。諸侯國中也有卿大夫，以佐理政事。

❷法服　合於禮法的服飾。

❸法言　合於禮法的言論。

❹非道　不合於正道。

❺口無擇言身無擇行　言行都合於禮法，用不著斟酌選擇。

❻口過　失言之過。

❼怨惡　怨恨憎惡。

❽備　完備；完全做到。

❾宗廟　奉祀祖先的宮室。

❿詩　指《詩經》。下引詩句見《詩經・大雅・烝民篇》。

⓫夙夜匪懈以事一人　早晚不懈怠，以侍奉天子。夙，早上。匪，通「非」。不。懈，怠惰。一人，指天子。

【語　譯】

（孔子接著說：）「不是先王所制定、合於禮法的衣服，不敢穿著；不是先王所說、合於禮法的言語，不敢說；不是先王所實行的德行，不敢做。因此，不合禮法的言語不說，不合正道的行為不做；言語合於禮法，行為合於正道，就用不著斟酌選擇了。因此所說的話雖然傳遍天下，也沒有什麼過錯；所表現的行為傳遍天下，也不會招致怨恨憎惡。衣服、語言、行為三件事完全合於禮法，然後才能保全奉祀祖先的宗廟，這就是卿大夫的孝道。《詩經・大雅・烝民篇》上說：『無論早上、晚上都不敢懈怠，專心地侍奉天子。』」

士❶章第五

「資❷於事父以事母，而愛同；資於事父以事君，而敬同。故母取其愛，而君取其敬，兼❸之者父也。故以孝事君，則忠；以敬事長❹，則順。忠順不失，以事其上，然後能保其祿位❺，而守其祭祀❻，蓋士之孝也。《詩》❼云：『夙興夜寐，無忝爾所生❽。』」

【章　旨】

這一章是說明士的孝道。士應對長上忠順，朝夕惕厲，不可辱及父母。

【注　釋】

❶士　古時的一種官名。分上士、中士、下士三等，位於卿大夫之下。相當於現在的一般公務員。

❷資　取；拿。

❸兼　並有；兩樣都有。

❹長　長上。指天子、諸侯、卿大夫而言。

❺祿位　俸祿和職位。

❻祭祀　祀天神、地祇、人鬼的通稱。此處專指祭祀宗廟的祖先。

❼詩　指《詩經》。下引詩句見《詩經・小雅・小宛篇》。

❽夙興夜寐無忝爾所生　早起晚睡，勤謹工作，不要羞辱了生身的父母。夙興，早起。夜寐，晚睡。忝，羞辱；侮辱。爾，汝。所生，指生身的父母。

【語譯】

（孔子接著又說：）「拿侍奉父親的心去侍奉母親，其愛心是相同的；拿侍奉父親的心去侍奉君王，其尊敬的心是相同的。侍奉母親，是取其愛心；侍奉君王，是取其敬心；而愛心敬心二者兼有的，則是侍奉父親的道理。所以，用孝道來侍奉君王，就是忠誠；以敬心來侍奉長上，就是順從。用忠誠與順從的心意，去侍奉君王長上，然後才能保有俸祿、職位，奉行宗廟的祭祀。這就是士的孝道。《詩經・小雅・小宛篇》上說：『早起晚睡，勤謹工作，不要侮辱了生育你的父母。』

庶人❶章第六

「用天之道❷，分地之利❸，謹身節用❹，以養父母，此庶人之孝也。故自天子至於庶人，孝無終始，而患不及者，未之有也❺。」

【章　旨】

這一章是說明庶人的孝道。一般平民必須配合天時地利，盡力生產，節制用度，以奉養父母。

【注　釋】

❶庶人　眾人。指一般平民。

❷用天之道　春生、夏長、秋收、冬藏，按時耕作，就是用天之道。天之道，自然之理。

指氣候寒暑、季節變化而言。

❸分地之利　分辨土地的高下肥瘠，善加利用。分，分辨；區別。

❹謹身節用　謹慎身心，節制用度。

❺故自天子至於庶人四句　此總結以上六章之辭。說明上自天子，下至庶人，雖有尊卑之分，但事親盡孝的道理並無二致。

【語　譯】

（孔子又說：）「配合自然的季節，按時耕作；分辨土地的高下肥瘠，善加利用；謹慎做事，節省用度，來奉養父母，這是一般平民的孝道。所以上自天子，下至平民，事親盡孝的道理是無終始、無貴賤的分別，如果有人擔憂他的能力不夠，無法做到，那是絕對沒有這種事情的。」

三才❶章第七

曾子曰：「甚哉！孝之大也❷。」子曰：「夫孝，天之經❸也，地之義❹也，民之行❺也。天地之經，而民是則之❻；則天之明，因❼地之利，以順天下。是以其教不肅而成❽，其政不嚴而治❾。先王見教之可以化民❿也，是故先之以博愛⓫，而民莫遺其親⓬；陳之於德義⓭，而民興行⓮；先之以敬讓⓯，而民不爭；導之以禮樂，而民和睦⓰；示之以好惡，而民知禁⓱。《詩》⓲云：『赫赫師尹，民具爾瞻⓳。』」

【章旨】

這一章是說明孝道是貫通天地人三才為一的道理。人當效法天地永恆不變的法則，孝順父母；而在上的君主，亦當因孝立教。

【注釋】

❶三才　指天、地、人。

❷甚哉孝之大也　孝順的道理多麼高深偉大啊！這是曾子聆聽孔子說明天子、諸侯、卿、大夫、士、庶人的五種孝道之後所發出的讚嘆。

❸天之經　如天道的運轉，永恆不變。經，常道；常法。

❹地之義　如土地順承天道，孕育萬物，各得其宜。義，適宜。

❺民之行　人類必有的行為。

❻天地之經而民是則之　天地這種經常不變的道理，人們應當效法它。是，句中助詞。則，效法。

❼因　依照。

❽不肅而成　不用嚴肅的態度而能成功。

❾不嚴而治　不用嚴厲的手段而天下自可太平。治，平治，指天下安定太平。

❿化民　感化人民。

⓫先之以博愛　率先實行博愛。先，率導。

⓬民莫遺其親　人民就不會遺棄其親人。

⓭陳之於德義　向人民陳述道德仁義。陳，陳述；講述。

⓮興行　奮起實行。

⓯先之以敬讓　率先實行恭敬謙讓。

⓰導之以禮樂而民和睦　以禮樂引導人民，則人民和順親睦。

⓱示之以好惡而民知禁　曉示民眾甚麼事情值得喜歡，甚麼事情應該厭惡，則人們知有禁令而不犯法。

⓲詩　指《詩經》。下引詩句見《詩經・小雅・節南山篇》。

⓳赫赫師尹民具爾瞻　名聲顯赫的太師尹氏，人們全都仰望你。赫赫，顯耀盛大的樣子。

師，太師。周朝的三公之一，是輔佐天子治理國事的大臣。尹，尹氏，為太師。具，皆；全體。瞻，仰望。

【語譯】

曾參聽了孔子說明孝道後說：「孝順的道理多麼高深偉大啊！」孔子繼續說：「孝道，如天道的運轉，永恆不變；如土地順承萬物，各得其宜；是人類必有的行為。天地這種永恆不變的道理，人們應當效法它；效法上天明照宇宙的道理，善用土地順承萬物的利益，用來教化天下人民。因此，施行教化，不用嚴肅的態度就能成功；推行政治，不用嚴厲的手段而天下自可太平。先王看見教化可以感化人民，就率先實行博愛，因此沒有人遺棄他的親人；向人民陳述道德仁義，使人民奮起而實行；並率先實行恭敬謙讓，人民因此不會發生紛爭；再以禮儀音樂來引導人民，人民就和順親睦相處；教導人民甚麼事情值得喜歡，甚麼事情應該厭惡，則人民知道有禁令，就不會犯法了。《詩經・小雅・節南山篇》上說：『名聲顯赫的太師尹氏，人民全都仰望你呀！』」

孝治❶章第八

子曰：「昔者明王❷之以孝治天下也，不敢遺❸小國之臣，而況於公、侯、伯、子、男❹乎？故得萬國之懽❺心，以事其先王。治國者不敢侮於鰥寡❻，而況於士民乎？故得百姓之懽心，以事其先君。治家者不敢失於臣妾❼，而況於妻子乎？故得人之懽心，以事其親。夫然❽，故生則親安之，祭則鬼享之❾，是以天下和平，災害不生，禍亂不作❿。故明王之以孝治天下也如此。《詩》⓫云：『有覺德行，四國順之⓬。』」

【章　旨】

這一章是說明以孝治理天下的道理。英明的君王能以孝治理天下，則災害不生，禍亂不作，天下太平。

【注　釋】

❶孝治　以孝治理天下。
❷明王　英明的君王。
❸遺　遺棄。
❹公侯伯子男　周代諸侯的五等爵位名。由周天子分封。
❺懽　同「歡」。
❻鰥寡　鰥夫寡婦。引申指孤苦無依的人。
❼臣妾　指服賤役的男僕女婢。
❽然　如此；這樣。

❾生則親安之祭則鬼享之　父母在世的時候，安心接受兒女的孝養；死了之後，成為鬼魂，也樂意享受子孫的祭祀。鬼，指父母的靈魂。

❿作　發生。

⓫詩　指《詩經》。下引詩句見《詩經・大雅・抑篇》。

⓬有覺德行四國順之　天子有偉大的德行，四方各國都來歸順。覺，偉大。四國，四方各國。

【語譯】

孔子說：「從前英明的帝王以孝道來治理天下時，連那些附庸小國的臣子都不敢遺棄，何況是具有公、侯、伯、子、男爵位的諸侯呢？所以能得到各國諸侯的歡心擁護，他們願意幫助帝王奉祀先王。治理封國的諸侯對那些孤苦無依的人都不敢欺侮，何況是一般的士人和老百姓呢？所以能得到百姓的歡心擁戴，他們願意幫助諸侯祭祀先祖。治理鄉邑的卿、大夫對於服賤役的男僕女婢都不敢失禮，何況是妻子兒女呢？所以能得到眾人的歡心愛戴，樂意侍奉卿、大夫的父母親。果能如此，那麼父母在世的時候，能安心接受子女的孝養；去世之後，成為鬼神，也樂意享受子孫的祭祀。因此，天下和樂太平，災害與禍亂不會發生。所以，英明的帝王以孝道來治理天下，就能有這樣的效果。《詩經・大雅・抑篇》上說：『天子有偉大的德行，四方各國都來歸順。』」

聖治❶章第九

曾子曰：「敢問聖人之德，無以加於孝乎❷？」子曰：「天地之性，人為貴❸；人之行，莫大於孝，孝莫大於嚴❹父。嚴父莫大於配天❺，則周公❻其人也。昔者，周公郊祀后稷以配天❼，宗祀文王於明堂以配上帝❽。是以四海之內，各以其職來祭❾。夫聖人之德，又何以加於孝乎？故親生之膝下❿，以養父母日嚴⓫。聖人因⓬嚴以教敬，因親以教愛。聖人之教，不肅而成，其政不嚴而治，其所因者本也。父子之道天性也⓭，君臣之義也⓮。父母生之，續莫大焉⓯。君親臨之，厚莫重焉⓰。故不愛其親而愛他人者，謂之悖德⑰；不敬其親而敬他人者，謂之悖禮⑱。以順則逆，民無則焉⑲。不在於善，而皆在於凶德，雖得之，君子不貴也⑳。君子則不然，言思可道㉑，行思可樂㉒，德義可尊㉓，作事可法㉔，容止可觀㉕，進退可度㉖，以臨㉗其民；是以其民畏而愛之，則而象之㉘；故能成其德教，而行其政令。《詩》㉙云：『淑人君子，其儀不忒㉚。』」

【章　旨】

這一章是說明聖人以孝治天下的道理。聖人之治天下，以出自人類天性的孝道，感化人民，所以德教能夠成功，政令能夠順利推行。

【注　釋】

❶聖治　聖人之治天下。

❷敢問聖人之德二句　很冒昧的請問：聖人的德行，沒有比孝道更重大的嗎？敢，自言冒昧之詞。

❸天地之性人為貴　天地萬物所稟賦的性，以人為最尊貴。性，指萬物得諸自然的稟賦。

❹嚴　尊敬。

❺配天　祭天時以祖先配享。配，配享。以他神附於主神，一同祭祀。如天子為崇揚他的先祖，使與天同享。

❻周公　姓姬，名旦。周武王的弟弟，成王的叔叔。武王崩，成王年幼，周公攝政。周代的禮樂制度相傳都是周公所制訂的。

❼周公郊祀后稷以配天　周公攝政時，祭祀上天，以始祖后稷配祀天帝。郊，指古時帝王於冬至之日在都城南方郊外祭天。后稷，周代的始祖。虞舜時為農官，封於邰，號后稷，子孫世襲其官，十五傳而至周武王，遂有天下。

❽宗祀文王於明堂以配上帝　周公在明堂祭祀時，以他的父親文王配祀天帝。宗祀，祭祀祖先。文王，姓姬，名昌。本為商代的諸侯，積善行仁，因紂王聽信讒言，被囚於羑里，後得釋歸，益行仁政，天下諸侯多歸之。其子武王有天下後，追尊為文王。明

堂，古代帝王宣布政教的地方。凡朝會、祭祀、慶賞、選士、養老、教學等大典，均在此舉行。上帝，天帝。

❾是以四海之內各以其職來祭　所以天下的諸侯，都以各地的特產入貢來助祭。四海，指天下。職，職貢；職方的貢物。即各地以時入貢的物品。

❿故親生之膝下　所以親愛父母的孝心，是發生在幼年依偎於父母膝旁的時候。膝下，指父母身邊。膝，大小腿相接的關節處。

⓫日嚴　一天比一天知道尊敬父母的道理。嚴，尊敬。

⓬因　憑藉。

⓭父子之道天性也　父母慈愛子女，子女孝順父母，是出自人類天生自然的本性。

⓮君臣之義也　君王愛護臣下，臣下效忠君王，是出自人類天生自然的義理。

⓯父母生之續莫大焉　父母生下兒子，延續宗族的生命，所以做兒子的，沒有比傳宗接代更為重大的事了。續，指傳宗接代。

⓰君親臨之厚莫重焉　父親對待兒子，既然像尊嚴的君王，又是慈愛的親人，做兒子的受到的恩愛，沒有比這種更深厚的了。君，指君臣之義。親，指父子之親。

⓱悖德　違背仁德。
⓲悖禮　違背禮法。
⓳以順則逆民無則焉　君主推行政教，應當順從人類的天性，敬愛父母，現在卻自行違逆，使得人民無從取法。
⓴不在於善四句　不由善行，而由凶德所得到的崇高地位，君子並不重視。善，善行。指愛敬父母。凶德，指不愛敬其親而愛敬他人之親。
㉑言思可道　凡有所言，一定想到所說的話可以使人民稱道。
㉒行思可樂　凡有所為，一定想到所做的事可以使人民歡樂。
㉓德義可尊　立德行義，可為人民所尊敬。
㉔作事可法　所作所為，可為人民所效法。
㉕容止可觀　容貌儀表，可為人民所仰望。
㉖進退可度　行為舉止，可為人民的法度。
㉗臨　治理。
㉘則而象之　倣效而取法。

㉙詩　指《詩經》。下引詩句見《詩經・曹風・鳲鳩篇》。

㉚淑人君子其儀不忒　善良的君子，他的儀態端正而沒有差錯。忒，差錯。

【語　譯】

曾子說：「很冒昧的請教老師，聖人的德行，沒有比孝道更重大的嗎？」孔子說：「天地萬物的本性，其中以人所稟受的最為尊貴；人的德行當中，沒有比孝道更重大的，而孝道沒有比尊敬父親更為重要的了。尊敬父親，沒有比天子祭天時，將祖先配享天帝更為重大的了，這件事自古以來，只有一個人做到，那就是周公。從前周公代理成王攝理政事，在都城郊外祭天時，將他的始祖后稷配祀天帝；又在明堂祭祀時，以他的父親文王配祀天帝。因此天下的諸侯，各自奉獻當地的特產前來助祭。由此可知，聖人的德行，那有比孝道更重大的呢？所以做兒子的，對於父母的敬愛，開始於幼年依偎於父母膝旁的時候；兒子長大之後，有能力奉養父母，就一天比一天更知道尊敬父母。聖人憑著他對父母日益尊敬的心理，就教他敬的道理；憑藉他親愛父母的心理，就教他愛的道理。所以聖人的教化，不用嚴肅的態度，就可以成功；聖人的施政，不用嚴肅的手段，就可以使天下太平，這都是因為聖人所憑藉的，是最根本的孝道。父母慈愛子女，子女孝順父母，是出自人類天生的本性；君王愛護臣下，臣下效忠君王，是出自人類自然的義理。父母生下兒子，延續宗族的生命，所以做兒子的，沒有比傳宗接代更為重大的事了。父親對待兒子，既然像尊嚴的君王，又是慈愛的親人，做兒子的受到的恩愛，沒有比這種更深厚的了。所以做兒子的不親愛自己的父母，而去親愛他人的父母，叫做違背仁德；不尊敬自己的父母，而去尊敬他人的父母，叫做違背禮法。君主推行政教，應當順從人類的天性，敬愛父母，現在卻自行違逆，使得人民無從取法。不由善行，而由凶德所得到的崇高地位，君子並不重視。君子的作風，和小人不一樣，凡有所言，一定想到所說的話可以使人民稱道；凡有所為，一定想到所做的事可以使人民歡樂；立德行義，可以為人民所尊敬；所作所為，可以為人民所效法；容貌儀表，可以為人民所仰望；行為舉止，可以為人民的法度；從以上各方面來治理人民，人民敬服而愛戴他，倣效而取法他，所以很容易能夠完成他的德教，順利推行他的政令。《詩經・曹風・鳲鳩篇》上說：『善良的君子，他的儀態端正而沒有過錯。』

紀孝行❶章第十

子曰：「孝子之事親也，居則致其敬❷，養則致其樂❸，病則致其憂❹，喪則致其哀❺，祭則致其嚴❻。五者備矣，然後能事親。事親者，居上不驕，為下不亂，在醜不爭❼。居上而驕則亡，為下而亂則刑❽，在醜而爭則兵❾。三者不除，雖日用三牲之養❿，猶為不孝也。」

【章旨】

這一章是記錄孝子事親的行為。孝子應該做到致敬、致樂、致憂、致哀、致嚴五項，而戒除驕、亂、爭三種惡事。

【注釋】

❶紀孝行　記錄孝子事親的行為。

❷居則致其敬　平居事親，則盡恭敬之心。居，日常居家。致，竭盡。

❸養則致其樂　奉養父母，則盡和悅之心。

❹病則致其憂　父母有病，則盡憂慮之心。

❺喪則致其哀　若親喪亡，則盡哀痛之心。

❻嚴　端莊嚴肅。

❼在醜不爭　在同事之間，應當和順從眾，不可爭奪。醜，同類。此指同列、同官。

❽為下而亂則刑　在下位而越分犯紀，就將受刑戮。

❾在醜而爭則兵　在同事之中，每事爭奪，就將以兵刃相殘殺。

❿日用三牲之養　每天以三牲奉養父母。三牲，指牛羊豬。

【語譯】

孔子說：「孝子侍奉父母親，日常居家的時候，應盡恭敬的心去侍候；奉養的時候，應盡和悅的心去服侍；父母有病時，應盡憂慮的心去照料；父母去世，應盡哀痛的心去料理後事；祭祀的時候，應盡嚴肅的心去祭祀。以上五點完全做到，才算是盡到侍奉雙親的責任。侍奉父母還應注意：居上位的，不要驕傲自大；居下位的，不要為非作亂；在同事之間，應和順從眾，不可爭奪。居上位的要是驕傲自大，將招致敗亡；居下位的，要是為非作亂，免不了受刑罰；在同事之間，若每事爭奪，則將互相殘殺。以上三種惡事若不能除去，即使每天用牛羊豬三牲去奉養父母，仍算是不孝順啊！」

五刑❶章第十一

子曰：「五刑之屬三千，而罪莫大於不孝。要君者無上❷，非聖人者無法❸，非孝者無親❹，此大亂之道❺也。」

【章旨】

這一章是說明不孝是最大的罪行。五刑的罪雖多，沒有比不孝更重大的，所以人人都應當盡心行孝。

【注釋】

❶五刑　古代以墨（在臉上刺字）、劓（ㄧˋ，割鼻）、剕（ㄈㄟˋ，砍腳）、宮（男子去勢，女子幽閉）、大辟（砍頭）為五刑。

❷要君者無上　以武力脅迫君王的人，是眼中無君上。要，脅迫。

❸非聖人者無法　誹謗聖人的人，是眼中無法紀。非，非議；誹謗。

❹非孝者無親　誹謗孝道的人，是眼中無父母。

❺道　根源。

【語　譯】

孔子說：「五刑所屬的犯罪條例，有三千條之多，其中沒有比不孝的罪行更大的。以武力脅迫君王的人，是眼中沒有君上；誹謗聖人的人，是眼中沒有法紀；誹謗孝道的人，是眼中沒有父母的存在。這三種人都是招致大亂的根源。」

廣❶要道章第十二

子曰：「教民親愛，莫善於孝；教民禮順，莫善於悌❷；移風易俗❸，莫善於樂；安上❹治民，莫善於禮。禮者，敬而已矣。故敬其父則子悅，敬其兄則弟悅，敬其君則臣悅，敬一人而千萬人悅❺。所敬者寡，而悅者眾，此之謂要道也。」

【章　旨】

這一章是說明首章「要道」的意義。如果能夠推廣先王的要道——即孝道，那麼人民相親相愛，天下和樂。

【注　釋】

❶廣　推廣。

❷悌　敬愛兄長。

❸移風易俗　改善社會風氣與習俗。

❹安上　使在上位的人安於其位。

❺敬一人而千萬人悅　敬愛一人而千萬人喜悅。一人，指父兄君王。千萬人，指子弟臣民。

【語　譯】

孔子說：「教導人民相親相愛，沒有比孝道更好的了；教導人民知禮順情，沒有比敬愛兄長的道理更好的了；改善社會風氣與習俗，沒有比音樂更好的了；使在上的人能安於其位，治理人民，沒有比禮節更好的了。禮節的意義只是敬愛而已。所以敬愛父親，兒子就喜悅；敬愛兄長，弟弟就喜悅；敬愛君王，臣下就喜悅；敬愛一人而千萬人喜悅。所敬愛的對象雖然少，喜悅的人卻很多，這就是所謂『要道』的意義呀！」

廣至德章第十三

子曰：「君子之教以孝也，非家至❶而日見❷之也。教以孝，所以敬天下之為人父者也；教以悌，所以敬天下之為人兄者也；教以臣，所以敬天下之為人君者也。《詩》❸云：『愷悌君子，民之父母❹。』非至德，其孰❺能順民，如此其大者乎？」

【章旨】

這一章是說明首章「至德」的意義。如果能夠推廣先王的至德——即孝行，那就可以使民心順從，而感化百姓。

【注釋】

❶家至　到每家每戶去。

❷日見　天天見面。

❸詩　指《詩經》。下引詩句見《詩經・大雅・泂酌篇》。

❹愷悌君子民之父母　和樂平易的君子，是人民的父母。愷悌，和樂平易。

❺孰　誰。

【語譯】

孔子說：「君子用孝道來教化人民，並不是挨家挨戶去教，也不是天天見面才能教。君子以孝道教人，是要使天下為人子的都知道孝敬父親；君子以悌道教人，是要使天下為人弟的都知道敬重兄長；君子以臣道教人，是要使天下為人臣的都知道尊敬君王。《詩經・大雅・泂酌篇》上說：『和樂平易的君子，是人民的父母。』如果沒有至高無上的美德，有誰能順應民心，感化人民，而有如此大的成效呢？」

廣揚名章第十四

子曰：「君子之事親孝，故忠可移於君❶；事兄悌，故順可移於長；居家理，故治可移於官❷。是以行成於內❸，而名立於後世矣。」

【章旨】

這一章是說明首章「揚名於後世」的道理。君子能夠孝順父母，而且移孝作忠，一定可以使聲名顯揚於後世。

【注釋】

❶君子之事親孝故忠可移於君　君子侍奉父母親能盡孝道，因此可以把這種孝心移作效忠於國君。

❷居家理故治可移於官　在家凡事能治理得很好，因此可以把這種方法移用來辦理政務。

❸行成於內　在家裡能把孝悌的德行表現得很完善。行，指孝悌的德行。成，有所成就。內，指家裡。

【語譯】

孔子說：「君子侍奉父母能盡孝道，因此可以把這種孝心轉移去效忠於國君；侍奉兄長能盡悌道，因此可以把這種敬心轉移去順從於長官；在家凡事能治理得很好，因此可以把這種方法移來辦理政務。所以，在家裡能把孝悌的德行表現得很完善的人，名聲必然可以顯揚於後世了。」

諫諍❶章第十五

曾子曰：「若夫❷慈愛、恭敬、安親❸、揚名，則聞命❹矣。敢問子從父之令，可謂孝乎？」子曰：「是何言與❺！是何言與！昔者天子有爭臣❻七人，雖無道，不失其天下；諸侯有爭臣五人，雖無道，不失其國❼；大夫有爭臣三人，雖無道，不失其家❽；士有爭友，則身不離❾於令名❿；父有爭子，則身不陷於不義。故當不義，則子不可以不爭於父，臣不可以不爭於君。故當不義則爭之，從父之令，又焉得為孝乎？」

【章　旨】

這一章是說明做兒子、臣子的道理。如果父親、君主做事違反義理，做兒子、臣子的應該直言勸告，才是真正的孝順。

【注　釋】

❶諫諍　以直言勸告。

❷若夫　發語詞。

❸安親　父母親安心接受兒女的孝養。即〈孝治章〉所謂「生則親安之」。

❹命　指示；教誨。

❺與　語尾助詞，表疑問、感嘆或反問的意思。

❻爭臣　直言勸告的臣子。爭，同「諍」。

❼國　指諸侯的治邑。

❽家　指大夫的食邑。

❾不離　不失。

❿令名　美名。令，美好。

【語　譯】

曾子說：「像那些慈愛、恭敬、安親、揚名的孝道，我已經聽過老師的教誨了。很冒昧的請問，做兒子的一味聽從父親的命令，就可以算是孝順了嗎？」孔子回答說：「這是甚麼話呀！這是甚麼話呀！從前天子的身邊若有七個直言勸告的臣子，即使天子本身不守正道，荒淫暴虐，也還不至於失去天下；諸侯身邊若有五個直言勸告的臣子，即使諸侯本身不守君道，胡作妄為，也還不至於失去國家；大夫身邊若有三個直言勸告的臣子，即使大夫本身不守臣道，為非作歹，也還不至於失去食邑；士若身邊有直言勸告的朋友，能使德行日增，那麼他一生不會失去美名；做父親的若有直言勸告的兒子，那麼他不會做出不義的事情來。所以，當父親要做不義的事情時，做兒子的不可以不直言勸阻；當君王要做不義的事情時，做臣子的不可以不直言勸阻。所以，不論是君王、父親或朋友有不義的行為時，一定要極力勸阻，至於一味服從父親的命令，怎稱得上孝順呢？」

感應❶章第十六

子曰：「昔者明王事父孝，故事天明❷；事母孝，故事地察❸；長幼順，故上下治❹；天地明察，神明彰❺矣。故雖天子，必有尊也，言有父也❻；必有先也，言有兄也❼；宗廟致敬，不忘親也；脩身慎行，恐辱先❽也；宗廟致敬，鬼神著❾矣。孝悌之至，通於神明，光❿於四海，無所不通。《詩》⓫云：『自西自東，自南自北，無思不服⓬。』」

【章　旨】

這一章是說明孝悌可以感通神明的道理。天子以孝事父母，祭祀天地，那麼神明感其至誠，而降福佑，天下人也都心悅誠服。

【注釋】

❶感應　本指陰陽二氣相互感動影響。此指能盡孝悌之道，則至誠可以感通神明，使天下安寧。

❷事天明　天子祭天，能夠明白上天庇護萬物的道理。

❸事地察　天子祭地，能夠明察大地生長萬物的道理。

❹治　整飭；有條不紊。

❺神明彰　神明感其至誠，而降福佑，顯現功能。彰，彰明；顯現。神明顯現功能，指陰陽調，風雨時，人無疾癘，天下安寧。

❻故雖天子必有尊也言有父也　所以雖然是貴為天子，但一定有比他更尊貴的人，那就是他的父親。

❼必有先也言有兄也　一定有比他先出生的人，那就是他的兄長。

❽辱先　辱沒祖先的名譽。辱，羞辱；侮辱。先，祖先。

❾鬼神著　祖先的神靈顯現，前來享受子孫誠敬的祭祀。著，顯現。

❿光 照耀。

⓫詩 指《詩經》。下引詩句見《詩經・大雅・文王有聲篇》。

⓬無思不服 沒有人不服從。思，語助詞。

【語 譯】

孔子說：「從前英明的帝王侍奉父親，能盡孝道，所以祭祀上天的時候，能夠明白上天庇護萬物的道理；侍奉母親，能盡孝道，所以祭祀后土的時候，能夠明察大地生長萬物的道理；長幼有序，所以上下尊卑有條不紊；像這樣明察天地庇護萬物的道理，神明為其誠心所感動，降福保佑，而顯現其功能。所以雖然是貴為天子，但一定有比他更尊貴的人，那就是他的父親；一定有比他先出生的人，那就是他的兄長；在宗廟祭祀時，表達敬意，表示不敢忘記祖先的恩德；修養品德，謹言慎行，是怕犯了過失，會辱沒祖先的名譽。在宗廟祭祀時，表達敬意，那麼祖先的神靈也會顯現，前來享受。孝順父母，敬愛兄長，做到至高的境地，可通達於神明，照耀於天下，無所不感應。《詩經・大雅・文王有聲篇》上說：『從西從東，從南從北，沒有人不服從。』」

事君章第十七

子曰：「君子之事上也，進❶思盡忠，退❷思補過，將順其美，匡救其惡❸，故上下能相親也。《詩》❹云：『心乎愛矣，遐不謂矣；中心藏之，何日忘之❺！』」

【章旨】

這一章是說明侍奉君王的道理。賢人君子在朝為官，應當忠心事上，圖謀國事，然後君臣上下才能夠相親相愛。

【注釋】

❶進　進見於君。指在朝中做官。

❷退　退居在家。

❸將順其美匡救其惡　國君有好的行為，則順而行之；如有過錯，則糾正補救。匡，糾正。

❹詩　指《詩經》。下引詩句見《詩經・小雅・隰桑篇》。

❺心乎愛矣四句　內心敬愛他，何不告訴他；心裡永遠存著敬愛君王的真誠，那有一天會忘記呢！遐不，何不。謂，告訴。

【語　譯】

孔子說：「君子侍奉君王，在朝為官時，應思量如何盡忠，圖謀國事；退居在家時，又當思量如何去糾正補救君王的過失；對君王好的行為，應幫助他發揚；對他不好的行為，則應當糾正補救，所以君臣上下能夠相親相愛。《詩經・小雅・隰桑篇》上說：『內心敬愛他，為甚麼不告訴他；心裡永遠存著敬愛君王的真誠，那有一天會忘記呢！』」

喪親章第十八

子曰：「孝子之喪親也，哭不偯❶，禮無容❷，言不文❸，服美不安❹，聞樂不樂，食旨❺不甘，此哀戚之情也。三日而食❻，教民無以死傷生❼，毀不滅性❽，此聖人之政❾也。喪不過三年，示民有終也❿。為之棺、椁、衣、衾而舉之⓫，陳其簠簋而哀慼之⓬。擗踊⓭哭泣，哀以送⓮之；卜其宅兆，而安措之⓯；為之宗廟，以鬼享之⓰；春秋祭祀，以時思之。生事愛敬，死事哀慼，生民⓱之本盡矣，死生之義備矣，孝子之事親終矣。」

【章　旨】

這一章說明親喪時孝子應盡的禮法。為人子女，「生事愛敬，死事哀慼」，這是孝道，也是《孝經》全書的結論。

【注　釋】

❶偯　痛哭時發出婉轉拉長的聲音。

❷容　保持端正的容貌。

❸文　文飾；修飾。

❹服美不安　穿著美觀的服飾，心裡感到不安。

❺旨　美味。

❻三日而食　父母去世，孝子不食三日，三日之後，就可進食。

❼無以死傷生　不可因親人之死而傷害到活著的人。

❽毀不滅性　因哀痛而身體瘦削，但不危及生命。

❾ 政　法則。指聖人制禮施教的法則。

❿ 喪不過三年示民有終也　喪期不超過三年，這是對人們表示哀傷要有終結。

⓫ 為之棺槨衣衾而舉之　準備棺、槨、衣、衾，舉行斂禮。古代的棺木有兩重，盛放屍體的叫棺，套在棺外的叫槨。衾，死人蓋的被子。舉之，舉行斂禮。分小斂和大斂。為死者穿著衣服稱小斂，把屍體放入棺內稱大斂。

⓬ 陳其簠簋而哀慼之　陳列簠簋等禮器而悲傷憂痛。簠簋，古代祭祀宴享時盛黍稷的器皿，用竹木或銅製成。大抵簠多為方形，簋多為圓形。

⓭ 擗踊　搥胸頓腳。古喪禮中，表示極度悲痛的動作。擗，搥胸。踊，跳躍。

⓮ 送　送殯；送葬。

⓯ 卜其宅兆而安措之　占卜墓地，安葬靈柩。卜，占卜。宅兆，墳墓的四周區域。

⓰ 為之宗廟以鬼享之　營建宗廟，以祭祀之禮，請鬼神來享用。

⓱ 生民　人民。

【語譯】

孔子說：「孝子喪失了父母親，悲傷痛哭，聲嘶力竭，不再拉長餘音；容貌無法保持端莊有禮；言辭無法加以修飾；若穿著美觀的衣服，心中將感到不安；聽到動人的音樂，並不覺得快樂；吃美味的食物，也不覺得好吃；這是做兒子的失去父母親以後，哀傷憂戚的真情表現。父母親去世，經過三天之後，就可以進食，這是教導人民不要因為過分的哀悼死者，而傷害到活著的人，因為哀痛而身體瘦削，也不至於危及生命，這是聖人制禮施教的法則。居喪的時期不超過三年，這是對人民表示哀傷要有終結。父母親去世，要準備棺、槨、衣、衾，舉行小斂和大斂的禮節，陳列簠簋等禮器，而表達悲傷憂痛。搥胸頓腳，痛哭悲泣，哀傷地送葬；占卜選擇墓地，安葬靈柩；營建宗廟，以祭祀之禮，請鬼神來享用；春秋兩季，舉行祭祀，以追思先人。父母親在世時，以愛敬的心意來侍奉他們，父母親去世以後，以哀傷和悲痛的心情來料理後事。能做到這種地步，那麼人民應盡的本分都盡了，養生送死的大義也做到了，孝子侍奉父母親的義務到此結束了。」

附錄

一、尚書

帝曰：「咨！四岳。朕在位七十載，汝能庸命，巽朕位。」岳曰：「否德忝帝位。」曰：「明明揚側陋。」師錫帝曰：「有鰥在下，曰虞舜。」帝曰：「俞，予聞。如何？」岳曰：「瞽子，父頑，母嚚，象傲；克諧以孝，烝烝乂不格姦。」帝曰：「我其試哉。」女，于時觀厥刑于二女。釐降二女于嬀汭，嬪于虞。帝曰：「欽哉！」（〈虞書・堯典〉）

【語譯】

堯帝說：「啊！你們四位諸侯首長！我在位已經七十年了，你們有誰能遵行天道，我就把帝位讓給他。」四岳說：「我們品德不好，會汙辱了帝位。」堯帝說：

「那麼可以進薦賢明的人，或推舉有才德而地位卑微的人。」於是眾人向堯帝貢獻意見說：「有一位尚未娶親的人在民間，名叫虞舜。」堯帝說：「嗯！我曾聽說過。他是個怎樣的人？」四岳回答說：「他是一位盲人的兒子，盲父頑固無知，後母愚蠢不慈，弟弟象對他傲慢不敬。然而他始終孝順友愛，與他們和諧相處；最後以他的盛德美行感化了他們，不再邪惡。」堯帝說：「那麼我就試試看。」於是決定把女兒嫁給他，藉自己的兩個女兒觀察他的品行。便命兩個女兒下嫁到嬀水灣的虞家。並且對她們說：「(你們要) 謹慎從事啊！」

伊尹拜手稽首曰：「修厥身，允德協于下，惟明后。先王子惠困窮，民服厥命，罔有不悅，並其有邦厥鄰，乃曰：『徯我后，后來無罰。』王懋乃德，視乃厥祖，無時豫怠。奉先思孝，接下思恭；視遠惟明，聽德惟聰，朕承王之休無斁。」(〈太甲中〉)

【語譯】

伊尹拱手叩頭說：「修養他的身心，以誠信道德與臣下和睦親近的，只有聖明的君主能夠這樣做。先王（商湯）愛民如子，布德施惠給困窮的人，因此人民都聽從他的命令，而沒有不心悅誠服的；鄰近諸侯國的人民也都說：『等待我們聖明的君主前來，聖明的君主前來，施行仁政，就不再處罰人民了。』君王啊！您要努力地修養德性，效法您的祖先而行事，一刻都不能鬆懈怠惰。祭祀祖先時，要追懷他們的盛德美行；接待臣下時，要思量著謙沖而不驕慢。所謂明察以致遠，善聽以取德。君王能夠這麼做，我將永遠奉行您的德政而不厭倦。」

王若曰：「猷，殷王元子！惟稽古崇德象賢，統承先王，修其禮物，作賓于王家；與國咸休，永世無窮。嗚呼！乃祖成湯，克齊聖廣淵，皇天眷佑，誕受厥命。撫民以寬，除其邪虐，功加于時，德垂後裔。爾惟踐修厥猷，舊有令聞。恪慎克孝，肅恭神人。予嘉乃德，曰篤不忘。上帝時歆，下民祗協，庸建爾于上公，尹茲東夏。欽哉！往敷乃訓，慎乃服命；率由典常，以蕃王室。弘乃烈祖，律乃有民，永綏厥位，毗予一人。世世享德，萬邦作式。俾我有周無斁。嗚呼！往哉惟休，無替朕命！」（〈微子之命〉）

【語譯】

（成）王如此說：「啊！你這位殷王帝乙的長子！你能夠考察古代的事理，崇尚有德的人，效法賢能，並且繼承先王的遺業，修治先朝的禮樂典章制度；你現在是我周王室的賓客，你將與我王朝同享福祚，世世代代永不斷絕。唉！你的先祖成湯，他舉止合宜、博通事理、度量弘大、思慮深遠，因此能夠得到上天的眷顧與佑助，承受天命而稱王。他治民寬厚，放逐暴虐無道的夏桀，為民除害，功勳施於當時，德澤垂及後世。而今，你追隨先人的謀略，長久以來即享有美好的聲名。恭敬謹慎，能盡孝道；不論祭祀或晏處，皆肅敬和穆。我嘉許你的德行，永誌不忘。像你這樣孝恭的人，祭祀祖先則鬼神饗食，發號施令則百姓服從。因此，我封你為上公，治理這個位於京師東方的華夏之國。要敬慎行事啊！去吧！去對百姓宣揚你的教令，要黽勉小心地從事啊！一切皆依循舊有的法規行事，以安定人民，並且好好地護衛周室。弘揚你的先祖成湯的功業，以法度教導人民，使人民順服，永遠鞏固安定你的職位，以輔弼我罷！（如果你能這樣做，）那麼，你將累世享有福德，並為萬國的典範，而我周室也沒有後顧之憂了。唉！前往你的封國吧！惟有美善的政令能治理國家，不要忘記了我的教訓啊！」

王曰：「封。元惡大憝，矧惟不孝不友。子弗祗服厥父事，大傷厥考心；于父不能字厥子，乃疾厥子。于弟弗念天顯，乃弗克恭厥兄；兄亦不念鞠子哀，大不友于弟。惟弔茲，不于我政人得罪；天惟與我民彝大泯亂！」〈康誥〉

【語譯】

（成）王說：「封啊！最大的罪惡，就是不孝順父母，不友愛兄弟。做兒子的不能恭敬地奉行父親的教誨，就會大大地傷了父親的心；於是父親不能慈愛他的兒子，反而厭惡他的兒子。做弟弟的不顧天理，不尊敬他的哥哥；於是哥哥也不體恤弟弟，而對弟弟極不友善。到了這個地步，即使這些不孝不友的人沒有違法亂紀；但上天所給予我們的倫常法則也將要大大地混亂了啊！」

王若曰：「明大命於妹邦。乃穆考文王，肇國在西土；厥誥毖庶邦庶士，越少正、御事，朝夕曰：『祀茲酒。』惟天降命肇我民，『惟元祀』。天降威，我民用大亂喪德，亦罔非酒惟行。越小大邦用喪，亦罔非酒惟辜。文王誥教小子，有正、有事，無彝酒。越庶國飲，惟祀，德將無醉。惟曰我民迪小子，惟土物愛。厥心臧，聰聽祖考之彝訓，越小大德，小子惟一。

妹土嗣爾股肱，純其藝黍稷，奔走事厥考厥長，肇牽車牛遠服賈，用孝養厥父母，厥父母慶，自洗腆，致用酒。庶士、有正、越庶伯君子，其爾典聽朕教。爾大克羞耇惟君，爾乃飲食醉飽，不惟曰：爾克永觀省，作稽中德。爾尚克羞饋祀，爾乃自介用逸。茲乃允惟王正事之臣；茲亦惟天若元德，永不忘在王家。」（〈酒誥〉）

【語譯】

（成）王如此說：「我現在明白地發布治理妹邦的重要政令。你那顯赫偉大的先祖文王，在西土創建了我們國家。他告誡各諸侯國主事的臣子、副長官及一般官吏等，經常對他們說：『祭祀時才能飲酒。』上天也這樣開導我民：『只有大的祭祀（才能飲酒）。』現在上天顯現威嚴，降下災難；我們人民敗德亂行，無一不是由於飲酒的緣故。大小邦國有滅亡的，也沒有不是酒在為害。當年文王告誡青年們、各長官及一般官吏不要經常飲酒。各諸侯國的人如果飲酒，也只有在祭祀的時候，但飲酒須有節制，不可喝醉。我先民教導他們的後生晚輩，要愛惜穀物。他們的心地淳厚，都能聽從祖先長輩所給予的教訓，德行無論大小，青年們都能遵守奉行，始終如一。

現在妹邦的人繼續作你們的臣民。讓他們專力種植穀物，勤勉地侍奉他們的父親和尊長；辛勞地趕著牛車到外地做買賣，以孝順奉養他們的父母；他們的父母如有喜慶的事，自己準備了豐盛的酒食，那時才可以喝點酒。你們眾官員、眾主管長官及眾諸侯等在位的人，你們要經常聽從我的教訓。你們若是能奉獻豐盛的飲食給老年人和君長，你們才可以喝醉吃飽。就是說，你們能永遠地自我反省，行為就能合乎中正的美德了。你們若是能舉行祭祀，宴饗鬼神，你們才可以祈求逸樂。這樣你們就真正是王朝的各部首長及官吏，這樣上天也會賜福給你們這些有美德的人，永遠不會喪失你們在王朝的地位。」

王若曰：「小子胡！惟爾率德改行，克慎厥猷；肆予命爾侯于東土，往即乃封。敬哉！爾尚蓋前人之愆，惟忠惟孝。爾乃邁跡自身，克勤無怠，以垂憲乃後。率乃祖文王之彝訓，無若爾考之違王命。皇天無親，惟德是輔；民心無常，惟惠之懷。為善不同，同歸于治；為惡不同，同歸于亂。爾其戒哉！慎厥初，惟厥終，終以不困；不惟厥終，終以困窮。懋乃攸績，睦乃四鄰，以蕃王室，以和兄弟。康濟小民，率自中。無作聰明亂舊章。詳乃視聽，罔以側言改厥度，則予一人汝嘉。」（〈蔡仲之命〉）

【語譯】

（成）王如此說：「小伙子胡！你能追隨你的先祖文王，修養品德，並改掉你父親蔡叔的惡行，恭敬地奉行禮法；所以我命你為東土蔡國的諸侯，前往你的封地之後，千萬要敬慎行事啊！你唯有竭忠盡孝，或許尚能彌補你父親的罪惡。你要奮發自立，開創功業，勤勉努力而不懈怠，以期垂法子孫，世世稱頌。要遵循你先祖文王的訓誡，而不要像你父親一樣違抗王命。上天是公正無私的，它只幫助有德行的人。人民的心意喜好是常常改變的，唯有賢德愛民的君主，人民願意歸順他。為善的方法有許多種，但同樣可歸於治途；為惡的方法有許多種，但同樣可歸於亂途。你務必要戒慎警惕啊！事情在開始的時候，宜特別謹慎，一直到最後都要保持敬畏的心，這樣，才不致困窮；如果不能持之以恆，敬慎以終，那麼終於會遭遇困窮。要勉勵自己，努力地建立功績，與四鄰諸侯和睦相處，以護衛王室，並交好同姓的諸侯。安定人民，濟助群眾，依中正之道治事，不可自作聰明，擅改法令，而變亂了舊有的典章制度。眼睛所看到的，耳朵所聽到的，要審慎的思考，正確的判斷，不要被奸邪巧佞的言語所蒙蔽，而改變了常法。如果能做到這樣，我會嘉獎你的。」

王若曰：「君陳！惟爾令德孝恭。惟孝友于兄弟，克施有政。命汝尹茲東郊，敬哉！」（〈君陳〉）

【語譯】

（成）王如此說：「君陳！你有美好的德行，不僅能孝順父母，立身行事也能恭敬謹慎。大凡在家裡孝順父母，友愛兄弟；推而廣之，就能夠施行仁政。我現在命令你前往東郊，治理成周，你千萬要敬慎行事啊！」

王若曰：「……父義和！汝克昭乃顯祖；汝肇刑文武，用會紹乃辟，追孝于前文人。汝多修，扞我于艱；若汝，予嘉。」（〈文侯之命〉）

【語譯】

（平）王如此說：「……義和尊長啊！你要能繼承你顯赫偉大的祖先的事功；效法文王、武王，以繼承你君王的功業，追補孝道於你的祖先。你建立很多很好的戰功，在我艱難的時候保衛我，像你這樣的人，是我所嘉許的。」

二、詩經

凱風自南，吹彼棘心。棘心夭夭，母氏劬勞。
凱風自南，吹彼棘薪。母氏聖善，我無令人！
爰有寒泉，在浚之下。有子七人，母氏勞苦！
睍睆黃鳥，載好其音。有子七人，莫慰母心！〈邶風・凱風〉

【語譯】

溫和的南風，吹著棘樹初生的嫩芽。嫩芽一天天的茁壯而茂盛，（好比母親養育子女，子女一天天的長大，）母親真是十分辛苦的了。

溫和的南風，吹拂著棘樹的薪幹（，好像母親把子女撫養長大了）。母親是這樣的賢淑，而我們這些做子女的卻沒有一個能成材（，來報答母親撫育的辛勞）。

一個清涼的水泉，在浚邑的旁邊（，滋潤土地，使浚這個地方的人民能過著安樂的生活）。而母親就像這水泉般，一手帶大七個孩子，是非常辛勞的呀！

美麗的黃鳥，能唱出悅耳的聲調（，帶給人喜樂）。可是母親辛苦撫養我們兄弟七人，卻沒有一個能安慰母親的心啊！

肅肅鴇羽，集于苞栩。王事靡盬，不能蓺稷黍。父母何怙？
悠悠蒼天，曷其有所？
肅肅鴇翼，集于苞棘。王事靡盬，不能蓺黍稷，父母何食？
悠悠蒼天，曷其有極？
肅肅鴇行，集于苞桑。王事靡盬，不能蓺稻粱。父母何嘗？
悠悠蒼天，曷其有常？（〈唐風・鴇羽〉）

【語譯】

急速飛行的鴇鳥，棲息在茂密的栩樹之上，（那並不是牠安身的地方啊！）王室的事務眾多，沒有止息的時候，使得我這行役的人（在外日夜奔波），不能回家耕種黍稷，以奉養父母。年老的父母，要靠甚麼生活呢？老天啊！我甚麼時候才能有安身的處所？

急速飛翔的鴇鳥，棲息在茂密的棘樹上，（那並不是牠安身的地方啊！）王室的事務繁多，沒有停止的時刻，讓我這行役的人（在外晝夜忙碌），無法回家耕種黍稷，以奉養父母。年老的父母，有甚麼東西可以吃呢？老天啊！這種日子甚麼時候才能終了？

急速飛行的鴇鳥，在茂密的桑樹上歇息，（那原不是牠休息的地方啊！）王室的事情這樣繁重，沒有完了的時候，我這行役的人（在外面日夜忙碌），沒法回家耕種稻粱，來奉養父母。年老的父母，可以吃到甚麼食物呢？老天啊！我甚麼時候才能過正常的生活？

蓼蓼者莪，匪莪伊蒿；哀哀父母，生我劬勞！

蓼蓼者莪，匪莪伊蔚；哀哀父母，生我勞瘁！

缾之罄矣，維罍之恥。鮮民之生，不如死之久矣！無父何怙？

無母何恃？出則銜恤，入則靡至。

父兮生我，母兮鞠我，拊我畜我，長我育我，顧我復我，出入腹我，欲報之德，昊天罔極！

南山烈烈，飄風發發。民莫不穀，我獨何害？

南山律律，飄風弗弗。民莫不穀，我獨不卒。（〈小雅・蓼莪〉）

【語　譯】

那茂盛而壯大的莪菜，不是莪菜，是長得像莪菜的蒿草，（父母希望我能成為像莪菜一樣有用的人，而我卻不爭氣，就像無用的蒿草。）可憐呀父親母親，生養我真是太辛苦了！

那茂盛而高大的莪菜，不是莪菜，是長得像莪菜的蔚草，（父母希望我能成為像莪菜般有用的人才，而我卻成了無用的蔚草。）可憐呀父親母親，生養我，辛勞得形容憔悴！

（酒甕應隨時補充酒瓶的酒，）酒瓶空了，是酒甕的羞恥，（父母老了，靠子女奉養，如果子女不能孝養父母，是子女的恥辱啊！）像我這種不能奉養父母親的人，活著還不如早些死！沒有父親，我依靠誰？沒有母親，誰可以依靠？出門心裡便充滿悲傷，回到家裡見不到父母，也好像沒有回家一樣。

父親生我，母親養我，他們撫養我，教育我，使我長大成人，並且不厭其煩的照顧我，進進出出都懷抱著我。父母的恩德，就好像上天那樣無窮無盡，想要報答，永遠也報答不完！

高大的南山，旋風急速的吹著。人們都幸福美滿，為甚麼只有我遭到禍害？

高大的南山，旋風急速的吹著。人們都享受著天倫之樂，只有我不能終養我的父母。

三、左傳

（莊公）遂寘姜氏于城潁，而誓之曰：「不及黃泉，無相見也。」既而悔之。潁考叔為潁谷封人，聞之，有獻於公，公賜之食。食舍肉，公問之，對曰：「小人有母，皆嘗小人之食矣。未嘗君之羹，請以遺之。」公曰：「爾有母遺，繄我獨無。」潁考叔曰：「敢問何謂也？」公語之故，且告之悔。對曰：「君何患焉？若闕地及泉，隧而相見，其誰曰不然？」公從之。

公入而賦：「大隧之中，其樂也融融。」姜出而賦：「大隧之外，其樂也泄泄。」遂為母子如初。

君子曰：「潁考叔，純孝也，愛其母，施及莊公。《詩》曰：『孝子不匱，永錫爾類。』其是之謂乎！」（〈隱公元年・鄭伯克段於鄢〉）

【語譯】

（鄭莊公攻打了在鄢地的太叔之後，）便將他的母親姜氏安置在城潁，發誓說：「不到黃泉，不再相見。」過了不久就後悔了。潁考叔當時在潁谷作封人，聽說了這件事，便找機會向莊公進獻物品，莊公賞賜他食物，他把肉擱在一旁不吃，莊公覺得很奇怪，就問他為甚麼。潁考叔回答說：「我的母親，只要是我所得到的食物，她都吃過了，卻還沒吃過君王所賜的肉羹，我想請求您允許我帶回去讓她嘗嘗看。」莊公說：「你有母親可送，我卻偏偏沒有！」潁考叔說：「請問這是甚麼意思呢？」莊公於是把整個事情的經過告訴了他，並告訴他自己很後悔。潁考叔回答說：「您何必憂愁呢？如果挖掘土地，見著泉水，在地道中相見，誰又能說您不對呢？」莊公於是聽從他的建議去做。

莊公進了地道，便賦詩說：「地道之中，其樂融融。」武姜出了地道之後，也賦詩說：「地道之外，和和樂樂。」母子兩人又和好如初了。

當時的君子說：「潁考叔真是一個大孝的人啊！孝順自己的母親，也使得莊公能夠盡孝。《詩經》上說：『孝子的心是無窮無盡的啊！他能感動別人，推及友朋。』這大概就是指潁考叔這樣的人吧！」

公子州吁，嬖人之子也。有寵而好兵，公弗禁。莊姜惡之。

石碏諫曰：「臣聞愛子，教之以義方，弗納於邪。驕奢淫佚，所自邪也。四者之來，寵祿過也。將立州吁，乃定之矣。若猶未也，階之為禍。夫寵而不驕，驕而能降，降而不憾，憾而能眕者，鮮矣。且夫賤妨貴，少陵長，遠間親，新間舊，小加大，淫破義，所謂六逆也。君義，臣行，父慈，子孝，兄愛，弟敬，所謂六順也。去順效逆，所以速禍也。君人者，將禍是務去，而速之，無乃不可乎？」弗聽。（〈隱公三年‧石碏諫寵州吁〉）

【語譯】

公子州吁，是（衛）莊公寵妾所生的兒子。很得莊公的寵愛而且非常喜歡兵事，莊公從來不加禁止。莊姜卻非常討厭他。

石碏就勸諫莊公說：「我聽說愛護自己的孩子，就應當用正確的道理去教導他，使他不要走上邪惡的路上去。驕傲、奢侈、淫樂、放蕩，這些都是邪惡的根源。而這四件事的發生，都是因為寵愛過分所引起的。如果要立州吁為太子，就應該馬上做決定；如果還不決定，便會逐漸釀成禍亂。凡是人受到寵愛而能夠不驕傲，驕傲而能夠接受貶謫，貶謫而能夠不怨恨，怨恨而能夠忍耐的，實在是太少了。何況地位低的妨害地位尊貴的，年紀小的凌駕年紀長的，疏遠的離間親近的，新人離間舊人，弱小的欺侮強大的，淫亂的破壞道義的，這便是六種背逆的行為。國君行事合理，臣下服從命令，父親慈愛，子女孝順，兄長友愛弟弟，弟弟尊敬兄長，這就是六種和順的行為。不做合理的事而做不合理的事，是會招致禍害的。治理國家的人，應該除去禍患，現在反而招致它，這恐怕不可以吧？」莊公不聽從。

襄仲如齊納幣，禮也。凡君即位，好舅甥，修昏姻，娶元妃以奉粢盛，孝也。孝，禮之始也。（〈文公二年冬・公子遂如齊納幣〉）

【語　譯】

（魯國公子）襄仲到齊國去致送玉帛財幣，這是合乎禮節的。凡是國君即位，鞏固舅甥國家間的友好關係，辦理婚姻事宜，娶元配夫人以主持祭祀，這就是盡孝道。孝道，是禮節的開端。

昔高陽氏有才子八人，蒼舒、隤敳、檮戭、大臨、尨降、庭堅、仲容、叔達，齊、聖、廣、淵、明、允、篤、誠，天下之民謂之八愷。高辛氏有才子八人，伯奮、仲堪、叔獻、季仲、伯虎、仲熊、叔豹、季貍，忠、肅、共、懿、宣、慈、惠、和，天下之民謂之八元。此十六族也，世濟其美，不隕其名，以至於堯，堯不能舉。舜臣堯，舉八愷，使主后土，以揆百事，莫不時序，地平天成。舉八元，使布五教于四方，父義、母慈、兄友、弟共、子孝，內平外成。（〈文公十八年・附〉）

【語譯】

從前高陽氏有八個有才能的子孫，他們是：蒼舒、隤敳、檮戭、大臨、尨降、庭堅、仲容、叔達，這八個人舉止中正、通達眾務、氣度寬宏、思慮深遠、洞察事務、言行一致、志性篤厚、誠實不欺，天下的老百姓稱他們為八愷。高辛氏有八個有才能的子孫，他們是：伯奮、仲堪、叔獻、季仲、伯虎、仲熊、叔豹、季貍，這八個人忠誠待人、做事恭敬、治身勤謹、行為純厚、思慮周密、慈愛萬物、救濟貧困、寬和無爭，天下的老百姓稱他們為八元。這十六個家族，世世代代都承繼著前人美好的德行，沒有喪失良好的聲名，一直到了堯的時代，但堯仍未能舉用他們。舜做了堯的臣下之後，舉用八愷為地官，以管理土地的各種事務，他們處理事務，沒有不順順當當的，因此天上和地下都平靜無事。然後又推舉八元，讓他們在四方之國宣揚五種教化：父親有道義、母親慈愛、兄長友愛、弟弟恭敬、子女孝順，因此裡裡外外都平靜無事。

季氏以公鉏為馬正，慍而不出。閔子馬見之，曰：「子無然。禍福無門，唯人所召。為人子者，患不孝，不患無所。敬共父命，何常之有？若能孝敬，富倍季氏可也。姦回不軌，禍倍下民可也。」公鉏然之，敬共朝夕，恪居官次。季孫喜，使飲己酒，而以具往，盡舍旃。故公鉏氏富，又出為公左宰。（〈襄公二十三年・閔子馬使公鉏孝敬〉）

【語譯】

季武子任命公鉏做馬正（，管理土地軍賦的事），公鉏怨恨而不肯去做。閔子馬見到公鉏，就對他說：「您不要這樣。禍福的來去沒有一定的，都是因人而招來的。做兒子的，只擔心不孝順父母，不擔心沒有地位。只要恭敬的奉行父親的命令，事情怎麼會固定不變呢？如果能孝順恭敬，富有一定可以比季氏多一倍的。如果行為奸邪不合法度，那麼禍害一定比老百姓還要多一倍。」公鉏聽從他的話，從此每天都恭敬地向父親早晚問安，並且謹慎的執行職務。季武子非常高興，就讓他招待自己喝酒，並且帶著飲宴的器物前往，飲宴後就把器物全部留下來。公鉏氏因此而致富，後來又做了魯公的左宰。

齊侯與晏子坐于路寢。公歎曰：「美哉室！其誰有此乎？」晏子曰：「敢問，何謂也？」公曰：「吾以為在德。」對曰：「如君之言，其陳氏乎！陳氏雖無大德，而有施於民。豆、區、釜、鍾之數，其取之公也薄，其施之民也厚。公厚斂焉，陳氏厚施焉，民歸之矣。《詩》曰：『雖無德與女，式歌且舞。』陳氏之施，民歌舞之矣。後世若少惰，陳氏而不亡，則國其國也已。」公曰：「善哉！是可若何？」對曰：「唯禮可以已之。在禮，家施不及國，民不遷，農不移，工賈不變，士不濫，官不滔，大夫不收公利。」公曰：「善哉！我不能矣。吾今而後知禮之可以為國也。」對曰：「禮之可以為國也久矣，與天地並。君令、臣共，父慈、子孝，兄愛、弟敬，夫和、妻柔，姑慈、婦聽，禮也。君令而不違，臣共而不貳；父慈而教，子孝而箴；兄愛而友，弟敬而順；夫和而義，妻柔而正；姑慈而從，婦聽而婉：禮之善物也。」公曰：「善哉！寡人今而後聞此禮之上也！」對曰：「先王所稟於天地以為其民也，是以先王上之。」（〈昭公二十六年・晏子與齊侯論禮〉）

【語譯】

齊景公和晏子在路寢坐著。景公嘆氣說：「多漂亮的房子啊！誰將會擁有它呢？」晏子回答說：「請問您的意思是甚麼呢？」景公說：「我認為有德行的人才能擁有它。」晏子說：「像您所說的那樣，大概只有陳氏可以吧！陳氏雖然沒有甚麼大的德行，但對人民施捨恩惠。豆、區、釜、鍾等容器，從公田徵收租稅就用小的，施捨給百姓就用大的。您徵收的稅多，陳氏施捨的多，因此百姓就歸向他了。《詩經》上說：『我雖然不能給予你德行，也該和你歌舞一番了。』陳氏的施捨，百姓已經為他歌舞了，您的後代只要稍稍的怠惰，而陳氏如果又不滅亡，那麼他的封地就要變成國家了。」景公說：「對呀！這該怎麼辦呢？」晏子回答說：「只有用禮才能夠阻止這件事發生。如果合於禮，家族的施捨不能擴大到全國，百姓不遷移，農民不挪動，工人和商人不改行，士大夫不失職，官吏不怠慢，大夫不占取公家的利益。」景公說：「對呀！我以前不能做到。我現在知道禮可以用來治理國家了。」晏子回答說：「自從開天闢地以來，禮就被用來治理國家。國君發布命令，臣下恭敬遵守；父親慈愛子女，子女孝順父親；兄長友愛弟弟，弟弟尊敬兄長；丈夫和藹，妻子溫柔；婆婆慈祥，媳婦順從，這都是合於禮的表現。國君發布命令而沒有錯失，臣子恭敬而沒有二心，父親慈愛而教導子女，子女孝順而能規勸父親，兄長友愛而和善，弟弟恭敬而服從，丈夫和藹而合理，妻子柔順而正直，婆婆慈祥而肯聽從規勸，媳婦順從而委婉陳說：這些都是合於禮的好事情。」景公說：「太好了！我從現在起知道了禮，更應該加以尊崇了！」晏子回答說：「先王從天地那裡繼承了禮來治理人民，因此先王崇尚它。」

四、公羊傳

（九年春，）毛伯來求金。毛伯者何？天子之大夫也。何以不稱使？當喪未君也。踰年矣，何以謂之未君？即位矣而未稱王也。未稱王何以知其即位？以諸侯之踰年即位，亦知天子之踰年即位也。以天子三年然後稱王，亦知諸侯於其封內三年稱子也，踰年稱公矣。則曷為於其封內三年稱子？緣民臣之心不可一日無君，緣終始之義，一年不二君，不可曠年無君。緣孝子之心，則三年不忍當也。（〈文公九年〉）

【語譯】

（文公九年的春天，）毛伯來要錢，毛伯是誰呢？他是周天子的大夫。為甚麼不稱他為使呢？因為周王有喪事，還沒有稱君。他的父親去世已經過了一年，為甚麼還說沒有做國君呢？他是已經舉行過即位典禮而沒有稱王。沒有稱王，為甚麼知道他已經即位了呢？因為諸侯的父親去世過了一年就行即位禮，所以知道周天子在父親去世過了一年也應該行即位典禮。因為天子要在父親去世三年以後才稱王，所以知道諸侯在自己的封地內，三年之中只稱子，過了一年之後才稱公。為甚麼諸侯在他的封地三年內只稱子呢？因為在臣民的心中，不可以一日沒有國君，但又因為終始的緣故，一年之內不可以有二位國君，也不可以一年沒有國君。因為在孝子的心中，終究思念著自己的父親，在三年之中仍不忍繼承他父親的位置，所以在自己的封地三年之內只稱子了。

五、穀梁傳

元年春，王正月。雖無事，必舉正月，謹始也。公何以不言即位？成公志也。焉成之？言君之不取為公也。君之不取為公，何也？將以讓桓也。讓桓，正乎？曰不正。《春秋》成人之美，不成人之惡。隱不正而成之，何也？將以惡桓也。其惡桓何也？隱將讓而桓弒之，則桓惡矣。桓弒而隱讓，則隱善矣。善，則其不正焉何也？《春秋》貴義不貴惠，信道而不信邪；孝子揚父之美，不揚父之惡。先君之欲與桓，非正也，邪也。雖然，既勝其邪心，以與隱矣；已探先君之邪志而遂以與桓，則是成父之惡也。

兄弟，天倫也。為子，受之父，為諸侯，受之君。已廢天倫而忘君父，以行小惠，曰小道也。若隱者，可謂輕千乘之國；蹈道，則未也。（〈隱公元年〉）

【語譯】

魯隱公元年春，正當周天子的正月。正月雖然沒有國君舉行即位的事，《春秋》一定要提正月，是因為人君即位之始是非常慎重的。隱公即位，《春秋》為甚麼不記載他即位呢？這是為了要成全隱公的心意。成全隱公甚麼心意呢？隱公不想取得公爵的地位。隱公為甚麼不想取得公爵的地位呢？他打算讓位給桓公。隱公讓位給桓公這是合乎正道的事嗎？這是不合乎正道的。《春秋》的大義：要幫助人家完成好事，不要幫助他人做壞事。隱公讓位的事不合乎正道，而仍然成全他，是甚麼緣故呢？是因為討厭桓公。為甚麼討厭桓公呢？因為隱公要讓位給桓公，而桓公還要殺他，這樣桓公不是很惡毒嗎？桓公要殺隱公，而隱公要讓位給桓公，這樣更顯出隱公的好了。隱公這樣做是好的，但又為甚麼說他不合於正道呢？因為《春秋》重大義，而不提倡私惠，信奉正道而不相信邪道；孝子應當宣揚父親的美德，不應該宣揚父親的壞事。隱公的父親本來想要立桓公為國君，是不合於正道的，是錯誤的。雖然最後他能克服不正確的心志，把王位傳給隱公，而隱公已知道父親偏失的心意，而想要把位子讓給桓公，這是幫助父親做壞事啊！兄先弟後，是天然的倫次。做兒子的受命於父親而為諸侯，則受命於天子。弟先於兄是廢棄天然的倫次，私相讓國是忘君父，藉此施行小惠（，而陷自己的父親於不義），可說是小道。像隱公這樣，只能說他不在乎做千乘大國的國君，說他實踐了大道，是沒有到這種境地。

六、國語

三十二年春，宣王伐魯，立孝公，諸侯從是而不睦。宣王欲得國子之能導訓諸侯者，樊穆仲曰：「魯侯孝。」王曰：「何以知之？」對曰：「肅恭明神而敬事耇老；賦事行刑，必問於遺訓而咨於故實；不干所問，不犯所咨。」王曰：「然則能訓治其民矣！」乃命魯孝公於夷宮。（〈周語〉）

【語譯】

（周宣王）三十二年春天，宣王討伐魯國，立了孝公，各國諸侯雖然服從宣王的決定，卻跟王不和睦。宣王想要在同姓的諸侯中，找一個能夠領導諸侯的人，樊穆仲說：「魯侯是個孝順的人。」宣王問：「你怎麼知道呢？」樊穆仲回答說：「魯侯對於神明非常恭敬，對老年人非常敬重；徵收賦稅，執行刑罰，必定遵循先王的遺教而參照以前施政的事蹟；絕不違背先王的教訓，也不冒犯以前的事實。」宣王說：「這是能夠治理百姓的人啊！」於是在夷宮任命魯侯為侯伯。

夏父弗忌為宗，蒸將躋僖公。宗有司曰：「非昭穆也。」曰：「我為宗伯，明者為昭，其次為穆，何常之有！」有司曰：「夫宗廟之有昭穆也，以次世之長幼，而等胄之親疏也。夫祀，昭孝也。各致齊敬於其皇祖，昭孝之至也。故工史書世，宗祝書昭穆，猶恐其踰也。今將先明而後祖，自玄王以及主癸莫若湯，自稷以及王季莫若文、武，商、周之蒸也，未嘗躋湯與文、武，為不踰也。魯未若商、周而改其常，無乃不可乎？」弗聽，遂躋之。（〈魯語〉）

【語譯】

夏父弗忌擔任掌管祭禮的宗伯，將在祖廟舉行祭禮，把僖公的神主擺在閔公的上邊。掌禮的官吏說：「這不合乎昭穆的次第。」夏父弗忌說：「我做宗伯，我認為僖公有明德，應該為昭，閔公次之為穆，這那裡有一定不變的法則呢！」官吏回答說：「宗廟有昭穆的分別，是為了排列世序的長幼，而區別後代的親疏。祭祀是用來彰明孝道的。對太祖能夠致敬，是表揚孝道的極致。所以瞽師和太史記載世次的先後，宗伯和太祝記載昭穆的次第，仍然恐怕有所踰越。現在以僖公具備明德而要將他排在閔公的前面，這是把父親排在前面，把祖父排在後面，商代從太王到主癸，德行沒有比得上湯的，周代從后稷到王季，德行沒有比得上文王、武王的，但是商、周的祭祀，也沒有把湯或文王、武王提升到最前面，這是不能踰越的緣故。魯國不能像商、周一樣，而擅自改變常道，這是可以的嗎？」夏父弗忌不聽從，仍然將僖公的神主擺到閔公的上邊。

桓公曰：「成民之事若何？」管子對曰：「四民者，勿使雜處，雜處則其言哤，其事易。」公曰：「處士、農、工、商若何？」管子對曰：「昔聖王之處士也，使就閒燕；處工，就官府；處商，就市井；處農，就田野。今夫士，群萃而州處，閒燕則父與父言義，子與子言孝，其事君者言敬，其幼者言弟。少而習焉，其心安焉，不見異物而遷焉。是故其父兄之教不肅而成，其子弟之學不勞而能。」（〈齊語〉）

【語譯】

桓公問：「安定百姓的事情是怎樣的呢？」管子回答說：「士、農、工、商，不要讓他們雜居在同一個地方，讓他們雜居在一起，言論雜亂，做起事來便容易變來變去，沒有定向。」桓公又問：「那麼士、農、工、商應該將他們個別安置在甚麼地方呢？」管仲回答說：「以前的先聖先王，安置讀書人，讓他們居住在清靜的地方；安置工人，讓他們住所接近官府；安置商人，將他們聚集在市鎮中；安置農人，讓他們居住在田野。讓讀書人群居在一起，閒暇的時候，做父親的和做父親的在一起就談論義，做兒子的和做兒子的在一起則談論孝，事奉國君的談論敬，年幼的人談論悌。從小就學習，那麼心就非常安定，不會看見別的事物就改變原來的主意。因此，做父兄的不需要嚴苛的施教就可以成功，而做人子弟的也不需要花費很多心力就可以學習到道理。」

正月之朝，鄉長復事。君親問焉，曰：「於子之鄉，有居處好學、慈孝於父母、聰慧質仁、發聞於鄉里者，有則以告。有而不以告，謂之蔽明，其罪五。」有司已於事而竣。桓公又問焉，曰：「於子之鄉，有拳勇股肱之力秀出於眾者，有則以告。有而

不以告，謂之蔽賢，其罪五。」有司已於事而竣。〈齊語〉

【語譯】

正月各鄉大夫朝見國君，報告鄉里的事情。齊桓公親自問他們說：「在你們的鄉里中，有沒有平常喜好讀書、孝順父母、天資聰穎，性情仁慈、聞名於鄉里的人？如果有這樣的人，就據實報告。如果有而不據實報告，就是蒙蔽聖明，他的罪過有五。」各鄉大夫於是將所知道的報告後退到一旁。桓公又問：「在你們的鄉里中，有沒有非常勇敢，而且輔佐能力高過其他人的人？如果有這樣的人，就趕快報告。如果有而不報告，就是蒙蔽賢能，他的罪過有五。」於是各鄉大夫將事情報告完畢，就退到一邊去了。

驪姬生奚齊，其娣生卓子。公將黜太子申生而立奚齊。

蒸于武公，公稱疾不與，使奚齊莅事。猛足乃言於太子曰：「伯氏不出，奚齊在廟，子盍圖乎？」太子曰：「吾聞之羊舌大夫曰：『事君以敬，事父以孝。』受命不遷為敬，敬順所安為孝。棄命不敬，作令不孝，又何圖焉？且夫間父之愛而嘉其貺，有不忠焉；廢人以自成，有不貞焉。孝、敬、忠、貞，君父之所安也。棄安而圖，遠於孝矣，吾其止也。」（〈晉語〉）

【語譯】

驪姬生了奚齊，她陪嫁的妾生了卓子。晉獻公想要廢掉太子申生，而改立奚齊。

某年冬天祭祀武公的時候，獻公生病不能參加，就派奚齊去參加冬祭。猛足於是對太子說：「做長子的不去參加祭祀，反而派奚齊到宗廟參加祭祀，你為甚麼不為自己的地位打算呢？」太子回答說：「我曾聽羊舌大夫說過：『侍奉國君要恭敬，侍奉父親要孝順。』接受命令而不改變就是敬；恭敬順從父親所安樂的事就是孝。不遵從命令就是不敬，擅自作主就是不孝，我又有甚麼打算呢？而且離間人父親的愛，而貪圖賜予，這是不忠；毀壞別人而成全自己，這是不貞。孝、敬、忠、貞是讓君父安樂的事，不讓君父安樂而另有打算，離孝太遠了，我是不會這樣做的。」

十七年冬，公使太子伐東山。里克諫曰：「臣聞皋落氏將戰，君其釋申生也！」公曰：「行也！」里克對曰：「非故也。君行，太子居，以監國也；君行，太子從，以撫軍也。今君居，太子行，未有此也。」公曰：「非子之所知也。寡人聞之，立太子之道三：身鈞以年，年同以愛，愛疑決之以卜、筮。子無謀吾父子之間，吾以此觀之。」公不說。里克退，見太子。太子曰：「君賜我以偏衣、金玦，何也？」里克曰：「孺子懼乎？衣躬之偏，而握金玦，令不偷矣。孺子何懼！夫為人子者，懼不孝，不懼不得。且吾聞之曰：『敬賢於請。』孺子勉之乎！」君子曰：「善處父子之間矣。」（〈晉語〉）

【語譯】

（晉獻公）十七年冬天，獻公派太子討伐東山皋落氏。里克向獻公進諫說：「我聽說皋落氏不服從，而要與太子作戰，您還是不要派申生去吧！」獻公回答說：「還是讓他去吧！」里克回答說：「這是從來沒有過的事。國君去征戰，而太子留在國內，是為了監理國事；國君去打仗，而太子隨行，是為了安定軍心。而現在國君您留在國內，反而讓太子去打仗，這是從來沒有過的事。」獻公說：「這你就不知道了。我聽說立太子的道理有三：具有同樣德行，就立年長的；年紀一樣，就立自己所愛的；同樣喜愛，就用卜、筮來決定。你不要離間我們父子，我是要用這件事觀察太子是不是賢能。」獻公很不高興。里克退下後，去見太子。太子說：「國君賜給我偏衣、金玦，這是為甚麼呢？」里克回答說：「你害怕了嗎？賜給你偏衣，衣服顏色一半跟國君相同；賜給你金玦，讓你握有兵權，國君對你實在不薄啊！你害怕甚麼呢！做人兒子的，害怕自己不孝順，不害怕不能立。而且我聽說：『執恭敬應該超過請求。』你應該以此自勉。」君子說：「里克實在是善於自處於父子之間（，入則勸諫父親，出則勉勵兒子）。」

（獻公卒，穆公）乃使公子縶弔公子重耳于狄，曰：「寡君使縶弔公子之憂，又重之以喪。寡人聞之，得國常於喪，失國常於喪。時不可失，喪不可久，公子其圖之！」重耳告舅犯。舅犯曰：「不可。亡人無親，信仁以為親，是故置之者不殆。父死在堂而求利，人孰仁我？人實有之，我以徼倖，人孰信我？不仁不信，將何以長利？」公子重耳出見使者，曰：「君惠弔亡臣，又重有命。重耳身亡，父死不得與於哭泣之位，又何敢有他志以辱君義？」再拜不稽首，起而哭，退而不私。（〈晉語〉）

【語譯】

（晉獻公去世，秦穆公）派遣公子縶到狄國去慰問公子重耳，公子縶說：「我們國君派我來慰問公子奔亡之憂，以及喪親之痛。我曾聽說，有人以喪親得國，有人以喪親失國。時機不可以丟掉，居喪不能太久，公子應該早做計畫！」重耳進入內室，把公子縶所說的話告訴舅犯。舅犯回答說：「不要輕舉妄動。逃亡的人沒有親人，只有講信用、行仁道，這樣做才不會有危險。父親死了仍停柩堂上（，還沒出殯），就要爭奪君位求取利益，誰會認為你是仁人呢？況且國內有那麼多的公子，你從外地僥倖得到君位，誰會認為你有信用呢？不仁不信，那有長遠的利益呢？」公子重耳出來見公子縶，說：「貴國國君仁慈的派你來安慰我這逃亡在外的臣子，又有返國之命。我重耳亡身在外，父親死了，不能到靈位前哭泣祭拜（，盡為人子的孝道），又那敢有別的念頭，而辱沒貴國君上的義舉呢？」再拜為禮而不叩頭，起立後哭得很傷心，退下而不私自與使者談話。

七、論語

有子曰：「其為人也孝弟，而好犯上者鮮矣，不好犯上，而好作亂者，未之有也。君子務本，本立而道生。孝弟也者，其為仁之本與？」（〈學而篇〉第二章）

【語譯】

有子說：「他做人能夠孝順父母、尊敬兄長，而會喜好觸犯長上的，那必很少了。不喜好觸犯長上，而喜好作亂的，就更不會有了。君子專心致力於事情的根本處，根本建立，仁道就由此而生了，孝弟該是行仁的根本吧？」

子曰：「弟子入則孝，出則弟，謹而信，汎愛眾，而親仁。

行有餘力，則以學文。」（〈學而篇〉第六章）

【語譯】

孔子說：「青年人在家要孝順父母，出門要恭敬長上，言行當謹慎信實，廣博地愛眾人，而親近有仁德的人。如此躬行實踐而有餘力，再學習詩書六藝。」

子夏曰：「賢賢易色，事父母能竭其力，事君能致其身，與朋友交，言而有信，雖曰未學，吾必謂之學矣。」（〈學而篇〉第七章）

【語譯】

子夏說：「一個人將敬重賢人的心來用來代替愛好美色的心，奉事父母能竭盡心力，奉事君上又能獻身盡職，跟朋友交往，亦能言談信實，這樣的人，雖自謙說不曾學習過，我也必說他已經學習過了。」

曾子曰：「慎終追遠，民德歸厚矣。」（〈學而篇〉第九章）

【語　譯】

曾子說：「對親長送終要盡禮盡哀，對遠祖祭奠要誠敬追思，這樣才能使社會的風俗道德日趨於篤厚。」

子曰：「父在觀其志，父沒觀其行。三年無改於父之道，可謂孝矣。」（〈學而篇〉第十一章）

【語　譯】

孔子說：「當父親在世時，做兒子的不能自專，所以只看他的志向；父親死後，就該看他的行為。在守喪三年內，仍能遵行父親的主張，可說是孝了。」

孟懿子問孝。子曰：「無違。」樊遲御，子告之曰：「孟孫問孝於我，我對曰：『無違。』」樊遲曰：「何謂也？」子曰：「生，事之以禮；死，葬之以禮，祭之以禮。」（〈為政篇〉第五章）

【語譯】

孟懿子向孔子問孝道。孔子說：「不要違背禮節。」後來，樊遲替孔子駕車，孔子告訴他說：「孟孫向我問孝道，我對他說：『不要違背禮節。』」樊遲說：「這是甚麼意思呢？」孔子說：「父母在世，依規定的禮節侍奉他們；死後，依規定的禮節埋葬他們，祭祀他們。」

孟武伯問孝。子曰：「父母唯其疾之憂。」（〈為政篇〉第六章）

【語譯】

孟武伯向孔子問孝道。孔子說：「做父母的只是為子女的疾病而擔憂。」

子游問孝。子曰：「今之孝者，是謂能養。至於犬馬，皆能有養；不敬，何以別乎？」（〈為政篇〉第七章）

【語譯】

子游向孔子問孝道。孔子說：「現在的所謂孝順的人，只是在飲食方面能供養父母。至於狗和馬都能得到飼養；如果對父母沒有一片敬心，那跟飼養狗和馬有甚麼分別呢？」

子夏問孝。子曰：「色難。有事，弟子服其勞，有酒食，先生饌，曾是以為孝乎？」（〈為政篇〉第八章）

【語譯】

子夏問孝道。孔子說：「難在子女以和顏悅色事親。假使僅僅做到：家裡有事，由年輕人操勞，有了酒飯，讓年老的人去吃喝，難道說這就算是孝了嗎？」

季康子問：「使民敬忠以勸，如之何？」子曰：「臨之以莊，則敬；孝慈，則忠；舉善而教不能，則勸。」（〈為政篇〉第二十章）

【語譯】

季康子問孔子：「使民眾尊敬其上，又能盡忠，而且相互勸勉，要怎樣才能做到呢？」孔子說：「在上位的人能以莊重的態度對待民眾，民眾自然會誠敬；能孝順父母，慈愛民眾，民眾自然會盡忠；能舉用善人，教導不能的人，民眾自然會相互勸勉。」

或謂孔子曰：「子奚不為政？」子曰：「《書》云：『孝乎，惟孝友于兄弟。』施於有政，是亦為政，奚其為為政？」〈為政篇〉第二十一章）

【語譯】

有人對孔子說：「先生為甚麼不從政呢？」孔子說：「《尚書》說：『孝啊，能孝順父母的人，必能友愛兄弟。』把孝順、友愛推廣到家庭，能治好一家的事，這也算是從政，又何必要做官才算從政呢？」

子曰：「事父母幾諫，見志不從，又敬不違，勞而不怨。」

（〈里仁篇〉第十八章）

【語譯】

孔子說：「子女奉事父母，遇父母有過，當柔聲委婉地規勸，見父母的心意有不聽從的表示，做子女的依然要恭敬，不可以違抗父母的意思，雖然內心憂愁，但不怨恨。」

子曰：「父母在，不遠遊；遊必有方。」（〈里仁篇〉第十九章）

【語譯】

孔子說：「父母在世，不出遠門；如不得已要出遠門，必須有一定的去處。」

子曰：「父母之年，不可不知也：一則以喜，一則以懼。」（〈里仁篇〉第二十一章）

【語　譯】

孔子說：「父母的年齡，不可以不記得：一方面欣喜父母高壽，一方面憂懼父母衰老。」

子曰：「孝哉閔子騫，人不間於其父母昆弟之言。」（〈先進篇〉第四章）

【語　譯】

孔子說：「閔子騫真孝順呀，別人對他的父母兄弟稱讚他的話，都沒有異議。」

葉公語孔子曰：「吾黨有直躬者，其父攘羊而子證之。」孔子曰：「吾黨之直者異於是，父為子隱，子為父隱，直在其中矣。」

（〈子路篇〉第十八章）

【語譯】

葉公告訴孔子說：「我鄉里有個直爽的人，他的父親順手牽人的羊，他出來告發。」孔子說：「我鄉里的直爽人跟你們的不一樣，父親替兒子隱過，兒子替父親隱過，這裡面就包含著正直的道理了。」

宰我問：「三年之喪，期已久矣！君子三年不為禮，禮必壞；三年不為樂，樂必崩。舊穀既沒，新穀既升，鑽燧改火，期可已矣。」子曰：「食夫稻，衣夫錦，於女安乎？」曰：「安！」「女安，則為之！夫君子之居喪，食旨不甘，聞樂不樂，居處不安，故不為也。今女安，則為之！」宰我出。子曰：「予之不仁也！子生三年，然後免於父母之懷。夫三年之喪，天下之通喪也。予也，有三年之愛於其父母乎？」（〈陽貨篇〉第二十一章）

【語譯】

宰我問：「父母死了，守喪三年，為期已太久了！君子三年不習禮儀，禮儀一定會廢棄；三年不習樂，音樂一定會生疏。而且舊的穀子已吃完，新的穀子又已登場，鑽木取火的木頭也經過一個輪迴，守喪一年也就可以了。」孔子說：「父母死去，不到三年，你吃稻米飯，穿花緞衣，你的心安不安呢？」宰我回答說：「安！」孔子說：「你能心安，那你就去做吧！君子人守喪，吃美味的東西，也不覺得甘美；聽音樂，也不覺得快樂；住在家裡，也不覺得安適，所以才不這樣做。現在你既然覺得心安，那就去做吧！」宰我出去後。孔子說：「宰我真是不仁啊！兒女生下來，三年後，才能脫離父母的懷抱。替父母守喪三年，是天下通行的喪禮。宰我難道就沒有從他父母那裡得到三年懷抱的愛護嗎？」

曾子曰：「吾聞諸夫子：『孟莊子之孝也，其他可能也，其不改父之臣與父之政，是難能也。』」（〈子張篇〉第十八章）

【語　譯】

曾子說：「我聽老師說過：『孟莊子的孝行，別的事情都能做到，只有不改變他父親所任用的人和各種政事，這是別人所不容易做到的。』」

八、孟子

（孟子曰：）「五畝之宅，樹之以桑，五十者可以衣帛矣；雞豚狗彘之畜，無失其時，七十者可以食肉矣；百畝之田，勿奪其時，數口之家，可以無飢矣。謹庠序之教，申之以孝悌之義，頒白者不負戴於道路矣。七十者衣帛食肉，黎民不飢不寒，然而不王者，未之有也。」（〈梁惠王篇上〉第三章）

【語譯】

（孟子說：）「使每戶農家在五畝大住宅區的空地上，種些桑樹養蠶，五十歲的老人，就可以穿絲織的衣服了；飼養雞、狗、大小豬隻，不要誤失牠們滋生蕃育的時期，七十歲的人，日常就可以吃肉類了；每家配給一百畝田，不要用徭役奪取他們耕作的時間，有幾口人的家庭，就可以不挨餓了。然後謹慎地辦理學校教育，反覆用孝順父母、恭敬兄長的道理開導學生，那麼頭髮花白的老人，就不至於在道路上親自背負重擔行走了。七十歲的老人可以穿絲織的衣服、吃各種肉類，一般百姓不挨餓、不受凍，像這樣還不能完成王業，那是從來沒有的事。」

孟子對曰：「地方百里，而可以王。王如施仁政於民，省刑罰，薄稅斂；深耕易耨；壯者以暇日修其孝悌忠信，入以事其父兄，出以事其長上；可使制梃以撻秦楚之堅甲利兵矣。彼奪其民時，使不得耕耨，以養其父母；父母凍餓，兄弟妻子離散。彼陷溺其民，王往而征之，夫誰與王敵？故曰：『仁者無敵。』王請勿疑。」（〈梁惠王篇上〉第五章）

【語譯】

孟子答道：「只要有一百方里的土地，就可以完成王業，何況梁還是個大國呢！王如果能對人民普施仁政，減輕刑罰，薄收賦稅；教人民努力生產，耕土須深，除草務盡；使年輕人在農事空閒的日子，修習那孝悌和忠信的道理，在家裡用來侍奉父兄，在外面用來侍奉長上；這樣，可以使他們只提著木棍，就能用來痛擊秦、楚兩國裝備精良的軍隊了。那些敵國的國君，奪取了人民耕作的時間，使他們不能耕田除草、種植五穀來奉養父母；以致父母受凍挨餓，兄弟妻子分散到四方去自謀生計。那敵國的國君，殘害他們的人民，如同把人民驅進陷阱裡、淹在深水裡，人民自然痛恨；王在這時候派兵去征伐，還有誰能和王對抗？所以古人說：『仁君無敵於天下。』請王不要懷疑。」

（孟子）曰：「無恆產而有恆心者，惟士為能。若民，則無恆產，因無恆心；苟無恆心，放辟邪侈，無不為已。及陷於罪，然後從而刑之，是罔民也。焉有仁人在位，罔民而可為也？是故明君制民之產，必使仰足以事父母，俯足以畜妻子；樂歲終身飽，凶年免於死亡；然後驅而之善，故民之從之也輕。」

「今也，制民之產，仰不足以事父母，俯不足以畜妻子；樂歲終身苦，凶年不免於死亡；此惟救死而恐不贍，奚暇治禮義哉？」

「王欲行之，則盍反其本矣：五畝之宅，樹之以桑，五十者可以衣帛矣；雞豚狗彘之畜，無失其時，七十者可以食肉矣；百畝之田，勿奪其時，八口之家，可以無飢矣。謹庠序之教，申之以孝悌之義，頒白者不負戴於道路矣。老者衣帛食肉，黎民不飢

不寒，然而不王者，未之有也。」（〈梁惠王篇上〉第七章）

【語　譯】

（孟子）說：「沒有永久保有的產業，卻有經常向善的心志，只有讀書明理的人才能做到。至於普通人民，就會因為沒有永久保有的產業，也就沒有經常向善的心志；如果沒有經常向善的心志，種種放蕩無禮、邪僻不正的壞事，就沒有不做的了；等到犯了罪，這才跟著處罰他們，就等於是預設法網，陷害人民了。那裡有仁君在位，網民入罪的勾當都可以做的呢？所以賢明的國君，制定人民的產業，原則上必定使他們向上足夠用來侍奉父母，對下足夠用來養活妻子；豐年經常吃得飽，荒年也能避免死亡；然後督促他們向善，所以人民服從起教化來，就很容易。」

「如今啊，制定人民的產業，向上不夠用來侍奉父母，對下不夠用來養活妻子；豐年經常地受苦，荒年就免不了死亡；這樣一來，他們就是從死亡中拯救自己都恐怕力有不足，那裡有空閒去講究禮義呢？」

「所以王想實行仁政，為甚麼不從根本上著手。辦法是：使每戶農家在五畝大住宅區的空地上，種些桑樹養蠶，五十歲的老人，就可以穿絲織的衣服了；飼養雞、狗、大小豬隻，不要誤失牠們滋生蕃育的時期，七十歲的人，日常就可以吃肉類了；每家配給一百畝田，不要用徭役奪取他們耕作的時間，有八口人的家庭，就可以不挨餓了。然後謹慎地辦理學校教育，反覆用孝順父母、恭敬兄長的道理開導學生，那麼頭髮花白的老人，就不至於在道路上親自背負重擔行走了。老年人穿絲織的衣服、吃各種肉類，一般百姓不挨餓、不受凍，像這樣還不能完成王業，那是從來沒有的事啊。」

孟子自齊葬於魯，反於齊，止於嬴。

充虞請曰：「前日不知虞之不肖，使虞敦匠事。嚴，虞不敢請；今願竊有請也：木若以美然。」

曰：「古者棺椁無度。中古棺七寸，椁稱之，自天子達於庶人；非直為觀美也，然後盡於人心。不得，不可以為悅；無財，不可以為悅；得之為有財，古之人皆用之，吾何為獨不然？且比化者，無使土親膚，於人心獨無恔乎？吾聞之也：君子不以天下儉其親。」（〈公孫丑篇下〉第七章）

【語譯】

孟子帶著母親的靈柩，從齊國回到魯國安葬；事後再回到齊國，歇宿在嬴邑。他的學生充虞問道：「前些日子您不知道我是個沒有才幹的人，派我監督木匠做棺材的事。因為時間很匆促，不敢請問夫子；現在事已完畢，想私自請問一下：那棺木好像太好了。」

孟子說：「在上古時代，內棺外槨，厚薄沒有一定的尺寸。到了中古、周公制禮時，才規定內棺七寸厚，外槨的厚薄和它相稱，從天子一直到平民，都是一樣的；並不是只為了看起來美觀，而是要這樣做，然後才能滿足人子報答父母的孝心。如果在法制上不允許這樣做，人子的心就不會感到悅足；如果沒有足夠的錢這樣做，人子的心也不會感到悅足。既合乎法制，又有足夠的錢，古時的人都已採用這種棺槨了，我為甚麼獨獨不能這樣做呢？況且為死者把棺木做厚一點，不使泥土黏貼在肌膚上，這在人子的心上，難道不感到快慰嗎？我聽人說：君子不會把天下人人都可以使用的東西，在他父母身上加以節省的。」

（孟子曰：）「親喪，固所自盡也。曾子曰：『生，事之以禮；死，葬之以禮，祭之以禮；可謂孝矣。』諸侯之禮，吾未之學也；雖然，吾嘗聞之矣。三年之喪，齊疏之服，飦粥之食，自天子達於庶人，三代共之。」（〈滕文公篇上〉第二章）

【語譯】

（孟子說：）「父母的喪事，本來是人子用來竭盡孝心的啊。曾子說過：『父母在世，按禮侍奉他們；去世了，按禮安葬他們，按禮祭祀他們；就可以說是盡孝了。』至於諸侯的喪禮，我本來沒有學過；雖然如此，我卻曾聽人說過。父母死後，子女行三年的喪禮，穿粗麻布、不縫底邊的孝服，吃稀粥；從天子一直到平民，一律如此，夏、商、周三代全都相同。」

（孟子曰：）「蓋上世嘗有不葬其親者，其親死，則舉而委之於壑。他日過之，狐狸食之，蠅蚋姑嘬之；其顙有泚，睨而不視。夫泚也，非為人泚，中心達於面目。蓋歸反虆梩而掩之。掩之誠是也，則孝子仁人之掩其親，亦必有道矣。」（〈滕文公篇上〉第

五章）

【語譯】

（孟子說：）「在上古時代，曾經有不埋葬自己父母的人，父母一死，就抬去拋棄在山澗裡。過了幾天，又經過那裡，只見狐狸在吃屍身上的肉，蒼蠅、蚊蚋也聚集在屍身上爭食；於是他額上有汗水流出來，斜眼看著，不忍正視。他出汗，並不是為了別人出的，實在是不由自主地把心中的愧疚表達在臉上啊。於是他回家去拿了運泥的土籠和挖地的木鍬來，把屍身掩埋了。這掩埋如果是應該的，那麼後世的孝子仁人埋葬他們的父母，也一定有他們的道理了。」

孟子曰：「居下位，而不獲於上，民不可得而治也。獲於上有道：不信於友，弗獲於上矣。信於友有道：事親弗悅，弗信於友矣。悅親有道：反身不誠，不悅於親矣。誠身有道：不明乎善，不誠其身矣。是故誠者，天之道也；思誠者，人之道也。至誠而不動者，未之有也；不誠，未有能動者也。」（〈離婁篇上〉第十二章）

【語譯】

孟子說：「在下位的人，不能得到長官的信任，就沒有辦法治理人民了。要得到長官的信任是有方法的：不能取得朋友的信任，就不能得到長官的信任了。要得到朋友的信任是有方法的：侍奉父母不能使父母喜悅，就不能得到朋友的信任了。要使父母喜悅是有方法的：反省自己，心地不誠實，就不能得到父母的歡心了。要使自己心地誠實是有方法的：如天理的美善誠實都不明白，就不能使自己心地誠實了。所以誠實是宇宙自然的法則；勉力做到誠實，是做人應該遵守的方針啊。倘若一個人誠實到了極點，卻還不能感動別人，是從來沒有的事；如果不誠實，也就沒有能感動別人的。」

孟子曰：「事，孰為大？事親為大。守，孰為大？守身為大。不失其身而能事其親者，吾聞之矣；失其身而能事其親者，吾未之聞也。孰不為事？事親，事之本也。孰不為守？守身，守之本也。」

「曾子養曾皙，必有酒肉；將徹，必請所與；問有餘？必曰：『有。』曾皙死，曾元養曾子，必有酒肉；將徹，不請所與；問有餘？曰：『亡矣。將以復進也。』此所謂養口體者也。若曾子，則可謂養志也。事親若曾子者，可也。」（〈離婁篇上〉第十九章）

【語譯】

孟子說：「侍奉甚麼人最重要？侍奉父母最重要。守護甚麼最重要？守護自身最重要。能守護自身，不做壞事，又能侍奉父母的人，我聽說過；不能守護自身而做壞事，又能侍奉父母的人，我卻從來沒有聽說過。天下的人，誰能不侍奉長上呢？侍奉父母，就是侍奉長上的根本了。誰能不保守正道呢？保守自身，就是保守正道的根本了。」

「從前曾子奉養他父親曾皙，每餐一定有酒有肉；要把剩菜撤走的時候，一定問要拿給誰吃；如果曾皙覺得那一道菜特別好吃，希望家人都能吃到，問還有多餘的沒有？就是沒有，曾子也一定說：『還有。』使他安心受用。曾皙死了，曾子的兒子曾元奉養曾子，每餐雖然也一定有酒有肉；可是要把剩菜撤走的時候，並不問要拿給誰吃；如果曾子問還有多餘的沒有？要是沒有，曾元就老老實實地說：『沒有了。您愛吃，就重新做給您吃。』曾子就不忍心多吃了。這就是世俗所謂只能奉養父母的口腹啊。至於曾子，能夠承順父母的心意，就可以說是奉養父母的心意了。事奉父母能做到像曾子那樣，就可以了。」

孟子曰：「不孝有三，無後為大。舜不告而娶，為無後也。

君子以為猶告也。」（〈離婁篇上〉第二十六章）

【語譯】

孟子說：「不孝的罪有三項，沒有後嗣算是最重的了。虞舜不稟告父母就娶妻子，因為怕他不通情理的父母不許，斷絕了後嗣。所以君子認為舜沒有稟告，和稟告是一樣的合乎禮法。」

孟子曰：「仁之實，事親是也。義之實，從兄是也。智之實，知斯二者弗去是也。禮之實，節文斯二者是也。樂之實，樂斯二者，樂則生矣；生則惡可已也？惡可已，則不知足之蹈之、手之舞之。」（〈離婁篇上〉第二十七章）

【語譯】

孟子說：「仁德的具體表現，是侍奉父母。義理的具體表現，是順從兄長。智慧的具體表現，是明白這兩件事情，不肯捨棄。禮法的具體表現，是節制和文飾這兩件事情，既不做得過分，也不做得不足。音樂的具體表現，是樂於做這兩件事情；樂於做，快樂就從這裡產生了；這種快樂產生了，那裡能遏止得住呢？快樂遏止不住，一個人就要不知不覺地腳合著節拍踏著、手合著節拍舞著了。」

孟子曰：「天下大悅而將歸己，視天下悅而歸己，猶草芥也，惟舜為然。不得乎親，不可以為人；不順乎親，不可以為子。舜盡事親之道，而瞽瞍厎豫；瞽瞍厎豫而天下化，瞽瞍厎豫而天下之為父子者定。此之謂大孝。」（〈離婁篇上〉第二十八章）

【語譯】

孟子說：「天下人民都非常喜悅，想要來歸服自己；而自己卻把天下人民都非常喜悅，前來歸服自己，看得如同草芥一樣的微不足道，這只有虞舜才能夠如此。虞舜以為，不能得到父母的歡心，就不能算是人；不能承順父母的心意，就不能算是人子。所以虞舜竭盡了侍奉父母的孝道，終於得到他父親瞽瞍的歡心，使他歡樂；能使瞽瞍那樣的人歡樂，天下的人也就都受到感化；能使瞽瞍那樣的父親歡樂，天下父慈子孝的倫常就確定不移了。這樣才叫做大孝。」

孟子曰：「養生者不足以當大事，惟送死可以當大事。」（〈離婁篇下〉第十三章）

【語譯】

孟子說：「能奉養在世的父母，不能算是大事；只有給父母送終能致哀盡禮，才可以算得上是大事。」

公都子曰：「匡章，通國皆稱不孝焉；夫子與之遊，又從而禮貌之，敢問何也？」

孟子曰：「世俗所謂不孝者五：惰其四肢，不顧父母之養，一不孝也；博弈，好飲酒，不顧父母之養，二不孝也；好貨財，私妻子，不顧父母之養，三不孝也；從耳目之欲，以為父母戮，四不孝也；好勇鬥很，以危父母，五不孝也。章子有一於是乎？」

「夫章子，子父責善而不相遇也。責善，朋友之道也；父子責善，賊恩之大者。」

「夫章子，豈不欲有夫妻子母之屬哉？為得罪於父，不得近；出妻，屏子，終身不養焉。其設心以為不若是，是則罪之大者。是則章子已矣。」（〈離婁篇下〉第三十章）

【語譯】

公都子問孟子道：「匡章這個人，全國的人都說他不孝順；夫子卻和他往來，還很禮貌地對待他，請問為甚麼呢？」

孟子說：「世俗稱為不孝的事，共有五種：懶得勞動自己的手腳，不管父母的衣食供養，是第一種不孝；只曉得賭博下棋，喜好喝酒，不管父母的衣食供養，是第二種不孝；喜好貨物錢財，偏愛自己的妻子兒女，不管父母的衣食供養，是第三種不孝；放縱耳目的私欲，專在聲色上求滿足，造成父母的羞辱，是第四種不孝；喜好勇猛，經常和人打鬥爭訟，危害到父母，是第五種不孝。章子在這五不孝中，有一樣嗎？」

「那章子枉受不孝的惡名，只是因為他請求父親歸向正道，以致父子意見不合罷了。用善道互相責備，是朋友相處的道理；父子用善道互相責備，是最傷害親恩的。」

「那章子的本心，那裡是不希望自己有夫妻的匹配，讓兒子有母子的關係呢？只因得罪了父親，被父親驅逐了，不得近身奉養，所以只得休退愛妻，遠斥親子，一生不敢接受妻子的侍奉。他在心裡設想，認為不這樣做，那罪過就大了。這就是章子的為人啊。我為甚麼不和他往來呢？」

萬章問曰：「舜往于田，號泣于旻天。何為其號泣也？」

孟子曰：「怨慕也。」

萬章曰：「父母愛之，喜而不忘；父母惡之，勞而不怨。然則舜怨乎？」

曰：「長息問於公明高曰：『舜往于田，則吾既得聞命矣；號泣于旻天、于父母，則吾不知也。』公明高曰：『是非爾所知也！』夫公明高，以孝子之心，為不若是恝。我竭力耕田，共為子職而已矣；父母之不我愛，於我何哉？帝使其子九男二女，百官牛羊倉廩備，以事舜於畎畝之中；天下之士，多就之者；帝將胥天下而遷之焉；為不順於父母，如窮人無所歸。天下之士悅之，人之所欲也，而不足以解憂；好色，人之所欲，妻帝之二女，而不足以解憂；富，人之所欲，富有天下，而不足以解憂；貴，人之所欲，貴為天子，而不足以解憂。人悅之、好色、富、貴，無足以解憂者；惟順於父母，可以解憂。人少，則慕父母；知好色，則慕少艾；有妻子，則慕妻子；仕則慕君，不得於君則熱中。大孝終身慕父母。五十而慕者，予於大舜見之矣！」（〈萬章篇上〉第一章）

【語譯】

萬章問說：「舜到歷山田間耕作時，對著天呼號悲泣，他為甚麼這樣的呼號悲泣呢？」

孟子說：「怨恨自己不能得到父母的歡心，同時思慕他們啊。」

萬章說：「做兒子的，父母愛他，心裡固然喜歡而不忘記；父母討厭他，也應該憂苦而不怨恨。照夫子這麼說來，那舜怨恨他的父母嗎？」

孟子說：「從前長息問他的老師公明高說：『舜到田裡耕種的事，我已經聽夫子說過了；但他對著天、對著父母呼號悲泣的事，我還不知道。』公明高說：『這不是你能了解的啊！』公明高的意思，以為不得意於父母的孝子，他的心豈可沒有憂愁呢！我盡力地種田，盡做兒子的天職罷了；父母不愛我，是我有甚麼罪過吧？帝堯知道舜的賢德，就差使九個兒子奉舜為師，把兩個女兒嫁舜為妻，又命百官具備牛羊和糧食，到田畝中侍奉舜；天下的士人，很多都來歸附他；帝堯並將整個天下讓給他；可是舜因為得不到父母的歡心，像窮困的人無所歸依一樣的悲哀。天下的士人都愛戴他，這是人人想得到的，可是還不能解除舜的憂愁；美好的女子，這是人人想得到的，舜娶了帝堯的兩個女兒，可是還不能解除他的憂愁；財富，也是人人想得到的，舜有了全天下的財富，可是還不能解除他心中的憂愁；尊貴，也是人人想得到的，舜已經尊貴到做天子了，可是還不能解除他心中的憂愁。人們愛戴他、美好的女子、財富、尊貴，都不能解除他的憂愁，只有能得到父母的歡心，才可以解除他的憂愁。一個人少年的時候，就愛慕父母；知道美好的女色時，就愛戀年輕的美女；有了妻子以後，就愛戀妻子；做官時，就思慕君上，不能得到君上的器重，心裡就急躁。大孝的人一生都愛慕著父母，到五十歲還愛慕著父母的，我在大舜的身上見到了！」

（孟子曰：）「孝子之至，莫大乎尊親；尊親之至，莫大乎以天下養。為天子父，尊之至也；以天下養，養之至也。《詩》曰：『永言孝思，孝思維則。』此之謂也。《書》曰：『祇載見瞽瞍，夔夔齊栗，瞽瞍亦允若。』是為父不得而子也。」（〈萬章篇上〉第四章）

【語譯】

（孟子說：）「孝子的極致，莫過於尊敬父母；尊敬父母的極致，莫過於拿天下來奉養他們。舜使瞽瞍成為天子的父親，可說是尊敬到極點了；拿天下來奉養他，可說是奉養到極點了。《詩經》上說：『永久懷著孝敬之意，這種孝敬之意可以做天下人的法則。』說的就是這意思啊。《尚書》上說：『舜很恭敬地拜見瞽瞍，露出謹慎恐懼的樣子，瞽瞍也就順從舜的意思。』這就是古語所說的父親不能當他是兒子啊。」

曹交問曰：「人皆可以為堯舜，有諸？」

孟子曰：「然。」

「交聞文王十尺，湯九尺；今交九尺四寸以長，食粟而已，如何則可？」

曰：「奚有於是？亦為之而已矣。有人於此，力不能勝一匹雛，則為無力人矣；今日舉百鈞，則為有力人矣。然則舉烏獲之任，是亦為烏獲而已矣。夫人豈以不勝為患哉？弗為耳。徐行後長者，謂之弟；疾行先長者，謂之不弟。夫徐行者，豈人所不能哉？所不為也。堯舜之道，孝弟而已矣。子服堯之服，誦堯之言，行堯之行，是堯而已矣。子服桀之服，誦桀之言，行桀之行，是桀而已矣。」（〈告子篇下〉第二章）

【語譯】

曹交問道：「人人都可以成為堯舜，有這個說法嗎？」

孟子說：「是的。」

曹交說：「我聽說周文王身高十尺，商湯身高九尺；現在我有九尺四寸高，卻只會吃飯罷了，怎麼樣才可以成為堯舜呢？」

孟子說：「這跟身長有甚麼關係呢？只要努力去做就行了。比方現在有個人在這兒，他的力量不能提一隻小雞，就是個沒有力量的人了；現在說是能舉起三千斤的東西，那便是有力量的人了。這麼看來，只要真能夠舉得起烏獲所能舉的重量，也就可以算是烏獲了。一個人難道還怕有甚麼做不到的嗎？只是不肯做罷了。慢慢地跟在長輩的後面走，叫做悌；急速地搶在長輩的前面走，叫做不悌。慢一點走，難道是人做不到的嗎？只是不肯做啊。堯舜做人的道理，不過是孝順父母和尊敬長輩罷了。你穿著堯所穿的衣服，說堯所說的話，做堯所做的事，那你就和堯一樣了。你穿著桀所穿的衣服，說桀所說的話，做桀所做的事，那你就和桀一樣了。」

〈孟子〉曰：「〈凱風〉，親之過小者也；〈小弁〉，親之過大者也。親之過大而不怨，是愈疏也；親之過小而怨，是不可磯也。愈疏，不孝也；不可磯，亦不孝也。孔子曰：『舜其至孝矣，五十而慕。』」（〈告子篇下〉第三章）

【語譯】

（孟子）說：「〈凱風〉那篇詩中的母親過錯還小，而〈小弁〉這篇詩中的父親過錯很大啊。父母的過錯大而不怨恨，是對他們更加疏遠了。父母的過錯小而怨恨，是太不能忍受刺激了。越加疏遠父親，是不孝；不能忍受刺激，也是不孝。孔子說：『舜恐怕是頂孝順的人了，五十歲還會怨恨自己不能得到父母的歡心，同時思慕他們。』」

（孟子曰：）「五霸，桓公為盛。葵丘之會，諸侯束牲載書而不歃血。初命曰：『誅不孝，無易樹子，無以妾為妻。』再命曰：『尊賢育才，以彰有德。』三命曰：『敬老慈幼，無忘賓旅。』四命曰：『士無世官，官事無攝，取士必得，無專殺大夫。』五

命曰：『無曲防，無遏糴，無有封而不告。』曰：『凡我同盟之人，既盟之後，言歸于好。』」（〈告子篇下〉第七章）

【語譯】

（孟子說：）「五霸之中，以齊桓公最為強盛。他在葵丘會合諸侯時，只是縛好牲畜，上載盟書，而不殺牲歃血。第一條盟誓說：『誅殺不孝的人，不更換已立的世子，不要把妾立做正妻。』第二條盟誓說：『尊重賢人，培育英才，以表彰有才德的人。』第三條盟誓說：『尊敬老人，慈愛幼小，不要忘記協助外來的賓客。』第四條盟誓說：『士的官爵不得世襲；公家的職務，不得兼任；錄用士人，要有真才；不得擅殺大夫。』第五條盟誓說：『不得彎曲著建築堤防，侵害鄰國的水利；不得拒絕遭遇天災的國家購買糧食；不得把土地封賞給大夫而不稟告天子。』末了說：『凡是我們參加同盟的人，已經結盟以後，就要恢復舊日的友好。』」

公孫丑曰：「《詩》曰：『不素餐兮。』君子之不耕而食，何也？」孟子曰：「君子居是國也，其君用之，則安富尊榮；其子弟從之，則孝弟忠信。『不素餐兮』，孰大於是？」（〈盡心篇上〉第三十二章）

【語譯】

公孫丑說：「《詩經》上說：『不要無功而受祿。』可是今世的君子卻是不耕種而受祿，為甚麼呢？」

孟子說：「君子居住在這個國家裡，國君重用他，就可以安定富足，尊貴榮耀；年輕的子弟追隨他，就能實行孝悌忠信的美德。『不要無功而受祿』，請問還有甚麼功勳比這還大的呢？」

齊宣王欲短喪。公孫丑曰：「為朞之喪，猶愈於已乎？」

孟子曰：「是猶或紾其兄之臂，子謂之姑徐徐云爾。亦教之孝弟而已矣。」

王子有其母死者，其傅為之請數月之喪。公孫丑曰：「若此者何如也？」

曰：「是欲終之而不可得也，雖加一日愈於已。謂夫莫之禁而弗為者也。」（〈盡心篇上〉第三十九章）

【語譯】

齊宣王想要縮短三年的喪期。公孫丑說：「改為一年的喪期，總比不守喪來得好些吧？」

孟子說：「你這個說法，好比有人扭轉他哥哥的手臂，你勸他暫且慢慢地扭轉一樣。我看你只要教他孝悌就好了。」

這時有個王子，他的生母死了，因為有嫡母在，不能長期服喪，他的老師替他請求守幾個月的喪期。公孫丑說：「像這件事怎麼樣呢？」

孟子說：「他是想要服滿三年的喪而辦不到，所以即使多守喪一天也比沒有守喪的好。我上次說的，是那些沒有人禁止他守喪，而他卻不肯守喪三年的人啊。」

曾皙嗜羊棗，而曾子不忍食羊棗。

公孫丑問曰：「膾炙與羊棗孰美？」

孟子曰：「膾炙哉！」

公孫丑曰：「然則曾子何為食膾炙而不食羊棗？」

曰：「膾炙，所同也；羊棗，所獨也。諱名不諱姓，姓所同

也，名所獨也。」（〈盡心篇上〉第三十六章）

【語譯】

曾晳喜歡吃羊棗，曾子在他死後就不忍再吃羊棗了。

公孫丑問道：「肉食和羊棗那一種好吃？」

孟子說：「當然是肉食囉！」

公孫丑說：「那麼曾子為甚麼吃肉而不吃羊棗呢？」

孟子說：「喜歡吃肉，是大家共同的嗜好；喜歡吃羊棗，這是曾晳獨有的嗜好。好比避尊親的諱，只避名而不避姓，因為姓是大家共有的，名是一個人所獨有的。」

九、荀子

禮者，謹於治生死者也。生，人之始也；死，人之終也；終始俱善，人道畢矣。故君子敬始而慎終，終始如一，是君子之道，禮義之文也。夫厚其生而薄其死，是敬其有知而慢其無知也，是姦人之道而倍叛之心也。君子以倍叛之心接臧穀，猶且羞之，而況以事其所隆親乎！故死之為道也，一而不可得再復也，臣之所以致重其君，子之所以致重其親，於是盡矣。（〈禮論篇〉）

【語譯】

禮是謹慎的處理人的生死的事。生是人的生命開始，死是人的生命終了；對待生和死都處理得十分妥善，就盡人道了。所以君子待人處世開始時恭敬，終結時慎重，終始如一，這是君子之道，也是禮義的節度。對活著的人優厚，對死去的人菲薄，這就是當他有知覺時尊敬他，在他沒有知覺時怠慢他，這是姦邪的人做人的道理，背叛人的心理。君子用背叛人的心理去對待奴僕小孩，尚且以為羞恥，何況用來侍奉君主和父母呢！死這件事，只有一次而不可能有二次，所以臣子對於君主敬重的感情，子女對於父母敬重的感情，在如何對待君主和父母的死這件事上表現得最完全了。

喪禮之凡：變而飾，動而遠，久而平。故死之為道也，不飾則惡，惡則不哀；尒則翫，翫則厭，厭則忘，忘則不敬。一朝而喪其嚴親，而所以送葬之者不哀不敬，則嫌於禽獸矣；君子恥之。故變而飾，所以滅惡也；動而遠，所以遂敬也；久而平，所以優生也。（〈禮論篇〉）

【語譯】

喪禮的大旨：隨著殯斂儀式的進行而屍體加以修飾，棺木陳放的地方也越來越遠，時間長了，哀痛的心情逐漸減輕平復。所以死喪這件事，不加修飾就顯得醜惡，醜惡就不哀戚；接近就輕視，輕視就厭倦，厭倦就怠慢，怠慢就不恭敬。一旦死了君主和父母，送葬的人不哀戚、不恭敬，則近於禽獸了；君子以為是羞恥。所以隨著殯斂儀式的進行而屍體加以修飾，為了要消除醜惡；儀式進行而棺木陳放的地方也越來越遠，所以要達成對死者的禮敬；時間長了，哀痛的心情逐漸減輕平復，這是對活著的人有好處。

三年之喪，何也？曰：稱情而立文，因以飾群，別親疏貴賤之節，而不可益損也。故曰：無適不易之術也。創巨者其日久，

痛甚者其愈遲；三年之喪，稱情而立文，所以為至痛極也。（〈禮論篇〉）

【語譯】

三年的喪禮，是怎麼回事？是配合人悲哀心情的輕重而制定喪禮的制度，用它來區別人們的等級，分別親疏貴賤的禮節，而是不可以增減的。所以說，這是到那裡都不會改變的原則。創傷愈大痊癒的日子需要愈久，痛苦愈深平復得愈慢；三年的喪禮，配合人悲哀心情的輕重而制定喪禮的制度，所以是人最哀痛的禮節。

祭者，志意思慕之情也，愅詭唈僾而不能無時至焉。故人之歡欣和合之時，則夫忠臣孝子亦愅詭而有所至矣。彼其所至者，甚大動也；案屈然已，則其於志意之情者惆然不嗛，其於禮節者闕然不具。故先王案為之立文，尊尊親親之義至矣。故曰：祭者，志意思慕之情也，忠信愛敬之至矣，禮節文貌之盛矣，苟非聖人，莫之能知也。聖人明知之，士君子安行之，官人以為守，百姓以成俗。其在君子，以為人道也；其在百姓，以為鬼事也。（〈禮論篇〉）

【語譯】

祭祀是發抒人們情意和思慕的情感，這種事情使人心情感動而不舒暢，但不能不在一定的時期內發生。所以人在歡欣團聚的時候，忠臣孝子也會感動而思念自己的君主和父母不得同樂。忠臣孝子這種思念君親的感情是很強烈的；如果沒有祭祀之禮，只能在心中空想而已，這樣，他們在感情上是不愉快的，而禮節也欠缺不完備。所以先王為他們制定祭祀的禮節，尊敬君主，孝敬父母的道義就完全達成了。所以說，祭祀是發抒志意思慕的情感，忠信愛敬表現至極，禮節儀式表現至盛，如果不是聖人，是不能瞭解的。聖人明白瞭解，士君子安心去實行，官吏以此為法守，百姓因此成為風俗。在君子，以為是為人的道理；在百姓，以為是鬼神的事情。

今人之性，飢而欲飽，寒而欲煖，勞而欲休，此人之情性也。今人飢，見長而不敢先食者，將有所讓也；勞而不敢求息者，將有所代也。夫子之讓乎父，弟之讓乎兄；子之代乎父，弟之代乎兄；此二行者，皆反於性而悖於情也；然而孝子之道，禮義之文理也。故順情性則不辭讓矣，辭讓則悖於情性矣。用此觀之，然則人之性惡明矣，其善者偽也。（〈性惡篇〉）

【語譯】

人的本性，飢餓就想求飽，寒冷就想求暖，勞累就想休息，這是人的情性。如今人飢餓了，見到長者而不敢先去吃，是因為要禮讓長者；人疲倦了卻不敢休息，是因為要替長者服勞役。兒子禮讓父親，弟弟禮讓兄長；兒子替父親代勞，弟弟替兄長代勞；這兩種孝悌行為，都是違反本性而背離本情的；然而這是孝子之道，是禮義的文理。所以人順著情性就不會辭讓，能辭讓就是違背了情性。由此看來，人的本性是惡的就很明顯了，人所以為善是後天的作為。

天非私曾騫孝己而外眾人也，然而曾騫孝己獨厚於孝之實，而全於孝之名者，何也？以綦於禮義故也。天非私齊魯之民而外秦人也，然而於父子之義，夫婦之別，不如齊魯之孝具敬文者，何也？以秦人之從情性，安恣睢，慢於禮義故也，豈其性異矣哉！

（〈性惡篇〉）

【語譯】

上天並沒有厚愛曾參、閔子騫和孝己而疏遠眾人，然而曾參、閔子騫、孝己三人獨厚於孝道的實踐，而成就孝順的美名，是甚麼道理呢？是因為他們能恭行禮義的緣故。上天並沒有厚愛齊、魯的人民而疏遠秦國人，然而對於父子之義，夫婦之別，秦國人不如齊、魯人的孝道備具，恭敬有文理，是甚麼原因呢？是因為秦國人依循著本性，安於放縱不拘，悖慢禮義的緣故，那裡是他們本性的不同呢？

堯問於舜曰：「人情何如？」舜對曰：「人情甚不美，又何問焉！妻子具而孝衰於親，嗜欲得而信衰於友，爵祿盈而忠衰於君。人之情乎！人之情乎！甚不美，又何問焉。」唯賢者為不然。

（〈性惡篇〉）

【語譯】

堯問舜說：「人性怎麼樣？」舜回答說：「人性很不美好，您何必問呢？有了妻子之後，對父母的孝心就減少了；欲望滿足後，對朋友就漸漸不講信用了；獲取了高官厚祿，對國君就不再那麼忠心了。人性啊！人性啊！是這樣的不美好，您又何必問呢。」只有賢能的人不是這樣的。

曾子曰：「孝子言為可聞，行為可見。言為可聞，所以說遠也；行為可見，所以說近也；近者說則親，遠者說則附。親近而附遠，孝子之道也。」〈大略篇〉

【語譯】

曾子說：「孝子說的話可以讓人聽，做的事可以讓人看。言談正直，可以讓人聽，所以能夠使遠方的人悅服；行為不苟，可以讓人看，所以能夠使身邊的人悅服。身邊的人悅服就親近他，遠方的人悅服就依附他。使近者親近，遠者依附，這就是孝子之道。」

入孝出弟，人之小行也。上順下篤，人之中行也。從道不從君，從義不從父，人之大行也。若夫志以禮安，言以類使，則儒道畢矣；雖舜不能加毫末於是矣。（〈子道篇〉）

【語譯】

在家孝順父母，出外尊敬長上，這是人的小德行。對上順從君父，對下篤愛幼小，這是人的中德行。服從正道而不服從君主，服從正義而不服從父親，這是人的大德行。如果能使自己心志安於禮，說話合於理，這樣儒者之道就完備了；就是大舜也一點都不能再增加了。

孝子所以不從命有三：從命則親危，不從命則親安，孝子不從命乃衷；從命則親辱，不從命則親榮，孝子不從命乃義；從命則禽獸，不從命則修飾，孝子不從命乃敬。故可以從而不從，是不子也；未可以從而從，是不衷也；明於從不從之義，而能致恭敬忠信端愨以慎行之，則可謂大孝矣。傳曰：「從道不從君，從義不從父。」此之謂也。故勞苦彫萃而能無失其敬，災禍患難而能無失其義，則不幸不順見惡而能無失其愛，非仁人莫能行。《詩》曰：「孝子不匱。」此之謂也。（〈子道篇〉）

【語譯】

孝子所以不服從命令的有三種：服從命令，雙親就危險，不服從命令，雙親就平安，那麼孝子就不服從命令，就是忠；服從命令，雙親就屈辱，不服從命令，雙親就榮耀，那麼孝子就不服從命令，就是義；服從命令，就會使自己的行為如同禽獸，不服從命令，就會使自己的行為合於禮義，那麼孝子就不服從命令，就是敬。所以可以服從命令而不服從，是不孝；不可以服從命令而去服從，是不忠；能夠明白服從和不服從的道理，而能恭敬忠信誠實而謹慎去做，就可以說是大孝了。古書裡說：「服從正道不服從君主，服從正義不服從父親。」說的就是這種道理。所以勞苦彫傷憔悴而能夠不失掉對父母的恭敬，災禍患難而能夠不失掉對父母的禮義，就是不幸遇到父母對自己不順心而被他們厭惡，也能夠不失掉對他們的敬愛，不是仁人是做不到的。《詩經》裡說：「孝子的孝親永不竭盡。」說的就是這種道理。

魯哀公問於孔子曰：「子從父命，孝乎？臣從君命，貞乎？」三問，孔子不對。孔子趨出，以語子貢曰：「鄉者，君問丘也，曰，子從父命，孝乎？臣從君命，貞乎？三問而丘不對，賜以為何如？」子貢曰：「子從父命，孝矣；臣從君命，貞矣；夫子有奚對焉。」孔子曰：「小人哉！賜不識也。昔萬乘之國有爭臣四人，則封疆不削；千乘之國有爭臣三人，則社稷不危；百乘之家有爭臣二人，則宗廟不毀。父有爭子，不行無禮；士有爭友，不為不義。故子從父，奚子孝？臣從君，奚臣貞？審其所以從之之謂孝之謂貞也。」〈子道篇〉

【語　譯】

魯哀公問孔子說：「兒子服從父親的命令，這是孝順嗎？臣子服從君主的命令，這是忠貞嗎？」三度發問，孔子都不回答。孔子快步走出來，告訴子貢說：「剛才君主問我說：兒子服從父親的命令，是孝順嗎？臣子服從君主的命令，是忠貞嗎？三度發問，而我都不回答，賜，你以為怎麼樣？」子貢說：「兒子服從父親的命令，這是孝順了；臣子服從君主的命令，這是忠貞了；老師又有甚麼可回答的呢！」孔子說：「真是小人啊！賜，你是不知道的。古時萬乘之國有規勸君主過錯的臣子四人，那麼封疆就不會被侵削；千乘之國有規勸君主過錯的臣子三人，那麼國家就不會危亡；百乘之家有規勸君主過錯的臣子二人，那麼宗廟就不會被毀滅。父親有規勸他過錯的兒子，就不會做出無禮的事；士人有規勸他過錯的朋友，就不會做不義的事。所以兒子服從父親的命令，怎麼能算是孝順呢？臣子服從君主的命令，怎麼能算是忠貞呢？要審察他所服從是不是得當，才叫做孝順，叫做忠貞啊！」

子路問於孔子曰：「有人於此，夙興夜寐，耕耘樹藝，手足胼胝以養其親，然而無孝之名，何也？」孔子曰：「意者身不敬與！辭不遜與！色不順與！古之人有言曰：『衣與繆與不女聊。』今夙興夜寐，耕耘樹藝，手足胼胝以養其親，無此三者，則何以為而無孝之名也？（意者所友非仁人邪！）」孔子曰：「由志之，吾語女。雖有國士之力不能自舉其身；非無力也，勢不可也。故入而行不脩，身之罪也；出而名不章，友之過也。故君子入則篤行，出則友賢，何為而無孝之名也！」（〈子道篇〉）

【語譯】

子路問孔子說：「有一個人早起晚睡，耕地除草，種植穀物，手掌腳底都磨出老繭，來奉養雙親，然而並沒有得到孝順的名聲，這是甚麼道理呢？」孔子說：「我猜想可能是他的態度不恭敬吧！說話不謙遜吧！臉色不溫和吧！古時人有句話說：『給我衣服穿，甚麼都為我準備好，（但是對我不恭敬，）我還是不能依賴你。』做兒子的早起晚睡，耕地除草，種植穀物，手掌腳底都磨出老繭，來奉養雙親，如果沒有上面那三種不敬的行為，怎麼會沒有得到孝順的名聲呢？（我猜想可能是他所交的朋友不是仁人的緣故吧！）」孔子又說：「由，你記著，我告訴你。雖然有舉國聞名的勇士那麼大的氣力，也不能把自己舉起來，這並不是沒有力氣，而是形勢不可能。所以在家裡行為不端正，這是自身的罪過；出外而名聲不顯著，這是朋友的過失。所以君子在家能夠切實實行孝道，出外能夠結交賢人，怎麼會沒有孝順的名聲呢！」

十、禮記

凡為人子之禮，冬溫而夏凊，昏定而晨省，在醜夷不爭。故州閭鄉黨稱其孝也，兄弟親戚稱其慈也，僚友稱其弟也，執友稱其仁也，交遊稱其信也。（〈曲禮篇上〉）

【語譯】

凡是做子女應盡的禮節，是要使父母冬天感到溫暖而夏天覺得清涼；晚上為他們鋪床安枕，清早則向他們請安；與平輩相處時，避免爭執。能夠這樣，鄉里中的人都會稱讚他的孝順，兄弟和親戚都會稱讚他的仁慈，同級的官員都會稱讚他能尊敬長輩，志同道合的朋友都會稱讚他仁愛，與他來往的人也都稱讚他的誠實可靠。

見父之執，不謂之進不敢進，不謂之退不敢退；不問，不敢對。此孝子之行也。〈曲禮篇上〉

【語譯】

見到與父親同輩的人，他如果沒有叫前進，不敢擅自前進，沒有叫後退，也不敢擅自後退；他如果不主動詢問，不敢隨便開口。這是孝子尊敬父執輩應有的表現。

夫為人子者，出必告，反必面；所遊必有常，所習必有業；恆言不稱老。年長以倍則父事之，十年以長則兄事之，五年以長則肩隨之。群居五人，則長者必異席。〈曲禮篇上〉

【語譯】

做子女的，出門時一定要稟告父母，回家時也一定要拜見他們；出遊應有一定的地方，學習也要有作業（，使父母能有所考查）；平常講話不要自稱「老」。對年齡大上一倍的人，以父輩的禮節來奉事他；年長十歲的人，則以兄長來看待他；同年長五歲的人一起走路，應稍微走在後邊。五個人同在一處，應讓年長的人另坐一席。

孝子不服闇，不登危，懼辱親也。父母存，不許友以死，不有私財。（〈曲禮篇上〉）

【語譯】

孝順的子女，不做暗事，也不行險以求僥倖，因為怕會連累到父母親。父母親健在的時候，不可以為朋友賣命，也不可以有自己的錢財。

為人子者，父母存，冠衣不純素。孤子當室，冠衣不純采。

（〈曲禮篇上〉）

【語譯】

做子女的，當父母親健在時，穿戴的衣帽不可以鑲素色的邊（，以免像是居喪）。父親已經去世，孤子如果當家，那麼他的衣帽不可以用彩繪鑲邊（，以表示他持久的哀思）。

父母有疾，冠者不櫛，行不翔，言不惰，琴瑟不御，食肉不至變味，飲酒不至變貌，笑不至矧，怒不至詈。疾止復故。（〈曲

禮篇上〉）

【語　譯】

父母親生病的時候，成年的人心中掛慮，頭髮忘了梳理，走路不像平日那麼穩健，閒話也不多說了；不再彈琴作樂，吃肉只稍嘗味道，飲酒也不喝到臉紅；既不開懷而笑，也不惡聲惡氣的怒罵。這種情況繼續到父母親的病痊癒後才恢復正常。

子之事親也，三諫而不聽，則號泣而隨之。（〈曲禮篇下〉）

【語　譯】

為人子女的侍奉父母，（父母如果有過錯，）多次規勸，而他們還不聽從，就痛哭流涕（，希望他們能夠醒悟）。

君有疾，飲藥，臣先嘗之。親有疾，飲藥，子先嘗之。醫不三世，不服其藥。（〈曲禮篇下〉）

【語譯】

國君有了疾病，服藥的時候，侍臣要先嘗試。父母親有了疾病，服藥的時候，做子女的也要先嘗試。如果不是行醫數代，經驗豐富的醫生，不要隨便服用他所開的藥方。

事親有隱而無犯，左右就養無方，服勤至死，致喪三年。（〈檀弓篇上〉）

【語　譯】

服侍父母親，如果父母有過失，不應宣揚，而應委婉規勸，不可犯顏指摘；在父母左右伺候，事事躬親，這樣竭力服侍到雙親去世後，依照禮節，守喪三年。

子路曰：「傷哉貧也！生無以為養，死無以為禮也。」孔子曰：「啜菽飲水盡其歡，斯之謂孝；斂手足形，還葬而無椁，稱其財，斯之謂禮。」（〈檀弓篇下〉）

【語　譯】

子路說：「沒有錢真是可悲啊！父母親在世的時候，不能好好的奉養他們；他們去世了，又無法依照禮節辦理喪事。」孔子說：「即使是吃豆粥、喝清水，只要能使父母精神愉快，這就是盡了孝道；父母去世，只要衣裳足以掩蔽形體，斂畢即葬，沒有外棺，但能符合自己的財力來辦喪事，這就是合乎禮了。」

文王之為世子，朝於王季，日三。雞初鳴而衣服，至於寢門外，問內豎之御者曰：「今日安否何如？」內豎曰：「安。」文王乃喜。及日中，又至，亦如之。及莫，又至，亦如之。其有不安節，則內豎以告文王，文王色憂，行不能正履。王季復膳，然後亦復初。食上，必在，視寒煖之節；食下，問所膳；命膳宰曰：「末有原！」應曰：「諾。」然後退。

武王帥而行之，不敢有加焉。文王有疾，武王不說冠帶而養。文王一飯，亦一飯，文王再飯，亦再飯。旬有二日乃間。（〈文王世

子篇〉）

【語　譯】

周文王做太子的時候，每天要向他的父親王季請安三次。清晨，雞剛啼叫時，就起來梳洗更衣，來到父親寢門外，詢問值班的太監說：「今天我父親平安嗎？」太監回答說：「平安。」文王聽了就很高興。到了中午，再來請安一次。傍晚，又來請安一次。如果覺察到父親有點不舒服，太監們便趕緊報告文王，文王聽了神色憂愁，連路都走不穩了。直到王季的飲食恢復正常，他才恢復平日的態度。當飯菜送上的時候，文王必在一旁察看冷熱的程度；王季吃過後，文王還要察看菜餚吃了多少；同時吩咐太監說：「下一頓飯，不要重複原有的菜餚！」太監回答說：「是。」文王才離開。

周武王完全遵行文王的孝行，也不敢做得更好。當文王生病時，武王連帽帶都沒有解下就在旁侍候。如果文王胃口不好，只吃得下一口飯，他也只吃一口；文王能吃兩口，他也吃兩口。直到十二天後，文王痊癒了，他才鬆閒下來。

父母有過，下氣怡色柔聲以諫，諫若不入，起敬起孝，說則復諫，不說，與其得罪於鄉黨州閭，寧孰諫。（〈內則篇〉）

【語譯】

父母有過錯，子女要低聲下氣，和顏悅色地規勸，如果規勸不被接納，要更加恭敬父母，用孝心來感動父母，等父母喜悅，再規勸；要是仍不喜悅，與其使父母得罪於鄉黨州閭，不如小心殷勤地再三規勸。

父母雖沒，將為善，思貽父母令名，必果；將為不善，思貽父母羞辱，必不果。（〈內則篇〉）

【語　譯】

父母親雖然已經過世了，臨到行善事的時候，一想到將會為父母親帶來好名聲，一定去做；遇到想做壞事的時候，一想到這事將會使父母親蒙受羞辱，一定不去做。

曾子曰：「孝子之養老也，樂其心，不違其志，樂其耳目，安其寢處，以其飲食忠養之，孝子之身終。終身也者，非終父母之身，終其身也。是故父母之所愛亦愛之，父母之所敬亦敬之，至於犬馬盡然，而況於人乎！」（〈內則篇〉）

【語　譯】

曾子說：「孝子奉養父母，在於使父母內心快樂，不違背他們的心意；敬備禮樂，以悅耳目；使他們起居安適；對飲食各方面，盡心照料，直到孝子身終。所謂『終身』，並不是止於父母的一生，而是指孝子的一輩子。所以對父母生前所愛的事物，也要去愛惜；對父母生前所尊敬的人，也要尊敬；就是父母所鍾愛的犬馬也是如此，何況是對於人呢！」

父命呼，唯而不諾，手執業則投之，食在口則吐之，走而不趨。親老，出不易方，復不過時。親癠，色容不盛，此孝子之疏節也。父歿而不能讀父之書，手澤存焉爾；母歿而杯圈不能飲焉，口澤之氣存焉爾。（〈玉藻篇〉）

【語譯】

父親呼喊子女時，子女要立刻答應，手裡如果正拿著書本，應該趕快放下來，如果有食物含在口中，要馬上吐掉，很快地奔走到父親身邊去。父母年老了，做子女的外出，不可隨意變更目的地，也不要超過預定的時間回家（，免得父母擔心）。父母要是病了，或臉上有憂愁不樂的神色，那就是做子女的疏忽了。父親去世後，凡是他讀過的書，都要好好保存著，不要去讀它，因為書上還留著父親生前手汗的遺跡；母親過世後，她所用過的杯盤飲具，也不要再取用，因為上面還留著母親生前口水的痕跡。

祭不欲數，數則煩，煩則不敬。祭不欲疏，疏則怠，怠則忘。是故，君子合諸天道：春禘秋嘗。秋，霜露既降，君子履之，必有悽愴之心，非其寒之謂也。春，雨露既濡，君子履之，必有怵惕之心，如將見之。樂以迎來，哀以送往，故禘有樂而嘗無樂。

（〈祭義篇〉）

【語譯】

祭祀的禮節不可太繁複，太繁複會使人厭倦，一旦厭倦就會失去虔敬的心。祭祀的禮節也不可太疏簡，太疏簡會使人怠慢，怠慢不祭，時間久了也就忘了。所以君子配合天道的運行，春天舉行禘禮，秋天舉行嘗禮。秋天，霜露覆蓋著大地，君子在這樣的季節，自然而然地產生悲涼的感情，這種感情並不是因為氣候的寒冷（，而是因為失去親人而產生的）。春天，雨露沾潤了大地，君子在這樣的季節，自然而然地產生怵動的感覺，希望已失去的親人能跟著春天重回人間。人們以歡樂的心情迎接親人的來歸，以悲傷的心情送別親人的永逝，所以春天舉行的禘禮用樂舞，秋天的嘗禮則不用樂舞。

致齊於內，散齊於外。齊之日：思其居處，思其笑語，思其志意，思其所樂，思其所嗜。齊三日，乃見其所為齊者。〈祭義篇〉

【語譯】

致齋三日，居住在室內，散齋七日，可以在戶外。致齋的時候，時時刻刻思念著死去親人生前的起居作息、言語笑貌、心意志向，以及他所歡喜的、所嗜好的事物。如此三天以後，才能把所要祭拜的親人的影像活現在心中。

祭之日，入室，僾然必有見乎其位；周還出戶，肅然必有聞其容聲；出戶而聽，愾然必有聞其嘆息之聲。是故，先王之孝也，色不忘乎目，聲不絕乎耳，心志耆欲不忘乎心。致愛則存，致愨則著。著存不忘乎心，夫安得不敬乎？（〈祭義篇〉）

【語　譯】

祭祀的當天，進到安置靈位的廟堂中，彷彿看到親人出現在眼前；禮拜過後，轉身出門，心中肅然好像仍聽到親人的話語；出門之後，耳邊彷彿還聽到親人的嘆息聲。所以，先王孝敬其親人，親人的容貌永遠不離開他的眼睛，親人的聲音永遠不離開他的耳際，親人的心意和嗜好也永遠不離開他的心上。因為敬愛到了極點，所以親人永遠活在心中；因為誠懇到了極點，所以耳目中能顯現親人的聲音笑貌。對於這樣長存於心中，顯現在眼前的親人，怎能不敬畏呢？

君子生則敬養，死則敬享，思終身弗辱也。君子有終身之喪，忌日之謂也。忌日不用，非不祥也；言夫日，志有所至，而不敢盡其私也。（〈祭義篇〉）

【語譯】

君子在父母親在世的時候，恭敬地奉養；父母親過世以後則誠敬地祭祀；並且警惕自己，一輩子都不要做錯事，以免玷辱了父母親的名聲。君子有一輩子的喪事（，指的是每年父母親去世的那一天），也就是忌日。忌日不做別的事，並不是因為那天不吉利，而是因為那一天，特別的想念父母親，沒有心情處理其他的事情。

文王之祭也，事死者如事生，思死者如不欲生。忌日必哀，稱諱如見親。祀之忠也，如見親之所愛，如欲色然，其文王與？《詩》云：「明發不寐，有懷二人。」文王之詩也。祭之明日，明發不寐，饗而致之，又從而思之。祭之日，樂與哀半；饗之必樂，已至必哀。（〈祭義篇〉）

【語譯】

周文王祭祀的時候，恭敬地侍奉去世的人就像他還健在時一般，思念起過世的人就哀傷得如同不想獨生於世。逢到父母親的忌日，必然哀痛；提到父母親的名字，就像看見父母親一樣的恭敬。在奉獻祭品時的誠懇，就如同看見父母親生前所喜愛、所嗜好的神情，這也只有文王才做得到吧？《詩經．小雅．小宛篇》上說：「直到天亮還睡不著覺，只是因為思念過世的雙親啊！」這是稱讚文王孝敬的詩。正祭的第二天，舉行繹祭，仍然徹夜沒有睡，準備祭品讓他們來享受，又引發了思念的心。當祭祀的那天，喜悅與哀傷參半；因為雙親的神靈前來享受，所以喜樂；來了後又將離去，所以又覺得哀傷。

孝子將祭，慮事不可以不豫；比時具物，不可以不備；虛中以治之。宮室既修，牆屋既設，百官既備，夫婦齊戒沐浴。盛服奉承而進之，洞洞乎，屬屬乎，如弗勝，如將失之，其孝敬之心至也與！奉承而進之，於是，諭其志意，以其恍惚以與神明交，庶或饗之。「庶或饗之」，孝子之志也。〈祭義篇〉

【語譯】

孝子將要舉行祭祀時，一切事情不可以不預先考慮周到；屆時應用到的各種器物，不可以不籌備齊全；並且要專心一志地處理。等到宮室修飾完畢，圍牆房間都已設置完備，執事的人員都已分派妥當，夫婦齋戒沐浴。進行祭祀時，穿著華麗的祭服，奉持祭品而前進，恭敬虔誠地，彷彿奉持不住，又像害怕失手的樣子，這都是孝順的心極致的表現啊！祭品既已奉持而獻上，於是放鬆心情與親人的神靈交接，彷彿親人正在享用祭品。「彷彿親人正在享用祭品」，這正是孝子舉行祭祀的用心。

孝子之祭也，盡其愨而愨焉，盡其信而信焉，盡其敬而敬焉，盡其禮而不過失焉。進退必敬，如親聽命，則或使之也。孝子之祭，可知也：其立之也，敬以詘；其進之也，敬以愉；其薦之也，敬以欲；退而立，如將受命；已徹而退，敬齊之色不絕於面。孝子之祭也，立而不詘，固也；進而不愉，疏也；薦而不欲，不愛也；退立而不如受命，敖也；已徹而退，無敬齊之色，忘本也。如是而祭，失之矣。（〈祭義篇〉）

【語譯】

孝子祭祀時，竭盡他虔誠的心意而表現出虔誠的樣子，竭盡他的信念而表現出確信有神靈的樣子，竭盡他的敬意而表現出敬事神靈的樣子，盡到禮節而沒有太過或不及的表現。不論前進或後退都是必恭必敬的，彷彿在傾聽神靈的吩咐，好像要使喚自己似的。孝子祭祀時，他的儀容和心情是可以知道的：他站立時，恭敬而屈曲著身體；奉持祭品前進時，恭敬而愉快；獻上祭品時，恭敬而希望神靈降臨；獻畢退下站立時，彷彿在傾聽鬼神的吩咐；移去祭品而退出時，恭敬而誠懇的神色一直保留在臉上。如果孝子祭祀時，站立著而不屈曲著身體，就顯得太粗野了；前進而沒有愉快的樣子，就顯得太疏遠了；獻上祭品而不希求神靈的降臨，就是沒有愛心；退下而站立時，沒有傾聽吩咐的樣子，就顯得驕傲；移去祭品而退出時，沒有恭敬誠懇的神色，根本就不把祭祀這件事放在心上。像這樣的祭祀，是錯誤的。

孝子之有深愛也，必有和氣；有和氣者，必有愉色；有愉色者，必有婉容。孝子如執玉，如奉盈，洞洞屬屬然，如弗勝，如將失之。嚴威儼恪，非所以事親也，成人之道也。〈祭義篇〉

【語譯】

孝子對雙親有深摯的愛心，必然會有和悅的神情；有和悅的神情，必然會有愉快的顏色；有愉快的顏色，必然會形成溫婉柔順的容貌。孝子祭祀的時候，好像拿著貴重的玉，捧著滿杯的水一樣，專一恭敬而虔誠，唯恐不能勝任，又怕失手似的。至於表現嚴肅而莊重的樣子，那就不是奉事雙親所應有的態度，而只是成德之人當有的態度。

子曰：「立愛自親始，教民睦也；立敬自長始，教民順也。教以慈睦，而民貴有親；教以敬長，而民貴用命。教以事親，順以聽命，錯諸天下，無所不行。」（〈祭義篇〉）

【語譯】

孔子說：「要建立愛心，應從奉事父母做起，這是教導人民慈睦的模範；要建立人民的敬心，應從尊敬長輩做起，這是教導人民順從的楷模。用慈睦來教導人民，使人民重視親情；用尊敬長輩來教導人民，使人民知道順從命令的重要。教導人民用孝心服事雙親，用順從的心接受命令，這樣推行於全天下，就沒有行不通的事了。」

曾子曰：「孝有三：大孝尊親，其次弗辱，其下能養。」公明儀問於曾子：「夫子可以為孝乎？」曾子曰：「是何言與？是何言與？君子之所為孝者，先意承志，諭父母於道。參，直養者也！安能為孝乎？」（〈祭義篇〉）

【語譯】

曾子說：「孝有三等：最偉大的孝是使父母得到天下人的尊敬，次等的孝是不為父母帶來恥辱，最下等的孝只是能奉養父母而已。」公明儀於是問曾子說：「像老師這樣，可以算是盡了孝道嗎？」曾子回答說：「這是甚麼話？這是甚麼話呀？君子所謂的孝，是在父母還沒把心意說出之前，自己就先猜測到，把它做好；在父母的志願表示出來後，秉承他們的志願，把它做好；並且使父母明白做人的道理。至於像我這樣，只是能奉養父母而已，怎麼可以稱為孝呢？」

曾子曰：「身也者，父母之遺體也，行父母之遺體，敢不敬乎？居處不莊，非孝也；事君不忠，非孝也；涖官不敬，非孝也；朋友不信，非孝也；戰陳無勇，非孝也。五者不遂，烖及於親，敢不敬乎？亨孰羶薌，嘗而薦之，非孝也，養也。君子之所謂孝也者，國人稱願然曰：『幸哉有子！』如此，所謂孝也已。眾之本教曰孝，其行曰養。養，可能也，敬為難；敬，可能也，安為難；安，可能也，卒為難。父母既沒，慎行其身，不遺父母惡名，可謂能終矣。仁者，仁此者也；禮者，履此者也；義者，宜此者也；信者，信此者也；強者，強此者也。樂自順此生，刑自反此作。」（〈祭義篇〉）

【語譯】

曾子說：「凡人的身體，都是父母留下來的，拿父母親留給我們的身體去行事，敢不敬慎嗎？所以，日常的生活不端莊，就是不孝；侍奉君主不忠誠，就是不孝；處理政務不敬慎，就是不孝；與朋友交往不信實，就是不孝；在戰場上作戰不勇敢，就是不孝。這五件事情不能做到，災禍就會降到身上，並且殃及父母親，這樣，敢不敬慎嗎？煮熟新鮮而馨香的食品，嘗過味道，再進奉給父母吃，這不是孝，只是供養而已。君子所說的孝，是全國的人都誇讚他、羨慕他，說：『真是幸福啊！有個這樣孝順的兒子！』像這樣，才算得上是孝子。人民最基本的教育就是孝，表現於行為上的就是養。奉養是可能做得到的，要做到態度恭敬就難了；態度恭敬是可能做得到的，要能安然自適就難了；安然自適是可能做得到的，要能終生孝敬就難了。父母過世後，謹慎的約束自己的行為，不留給父母壞名聲，這樣，才算是終生盡孝道了。仁愛的人，就是由這孝道進而表現對人的仁愛；守禮的人，就是由這孝道進而表現對禮節的實行；正義的人，就是由這孝道進而表現處事的合宜；信實的人，就是由這孝道進而表現出行為的信實；努力的人，就是由這孝道進而表現出修養的努力。人們的快樂是順循著孝道而產生的，社會的刑罰卻是因為違反孝道而發生的。」

曾子曰：「夫孝，置之而塞乎天地，溥之而橫乎四海，施諸後世而無朝夕，推而放諸東海而準，推而放諸西海而準，推而放諸南海而準，推而放諸北海而準。《詩》云：『自西自東，自南自北，無思不服。』此之謂也。」（〈祭義篇〉）

【語譯】

曾子說：「孝道，樹立起來，可充塞於天地之間；普及之後，便充滿於四海之內；施行於後代，任何時刻都少不了的。若推行到東海，可作為東海人做人行事的準則；推行到西海，可作為西海人做人行事的準則；推行到南海，可作為南海人做人行事的準則；推行到北海，可作為北海人做人行事的準則。《詩經・大雅・文王有聲篇》上說：『從西方、從東方，從南方、從北方，沒有人不服從的。』所說的就是這種情形。」

曾子曰：「樹木以時伐焉，禽獸以時殺焉。夫子曰：『斷一樹，殺一獸，不以其時，非孝也。』孝有三：小孝用力，中孝用勞，大孝不匱。思慈愛忘勞，可謂用力矣；尊仁安義，可謂用勞矣；博施備物，可謂不匱矣。父母愛之，喜而弗忘；父母惡之，懼而無怨；父母有過，諫而不逆；父母既沒，必求仁者之粟以祀之。此之謂禮終。」（〈祭義篇〉）

【語譯】

曾子說：「樹木要等到可砍伐的時候砍伐，禽獸要在該宰殺的時候宰殺。因為我的老師曾經說過：『若不在合宜的時候砍斷一棵樹，宰殺一隻獸，都不合乎孝道。』孝道有三等，小孝用力氣，中孝用事功，大孝則能永久維持孝心。思念父母撫育的恩惠，忘記身體的疲勞，竭力奉養父母，這可說是用力了；尊崇仁道，安然行義，這可說是有事功了；推廣愛心，博愛眾人，使父母過世後，人們備禮來參加祭祀，這可說是永久的維持孝心了。父母疼愛我，便歡喜而永久不忘；父母嫌惡我，便該戒懼而沒有怨恨；父母有過錯，婉言相勸而不可忤逆；父母過世後，必以自己正當的收入來祭祀他們。這可說是盡了孝敬的禮。」

樂正子春下堂而傷其足，數月不出，猶有憂色。門弟子曰：「夫子之足瘳矣，數月不出，猶有憂色，何也？」樂正子春曰：「善！如爾之問也！善！如爾之問也！吾聞諸曾子，曾子聞諸夫子曰：『天之所生，地之所養，無人為大。父母全而生之，子全而歸之，可謂孝矣。不虧其體，不辱其身，可謂全矣。故君子頃步而弗敢忘孝也。』今予忘孝之道，是以有憂色也！壹舉足而不敢忘父母，壹出言而不敢忘父母。壹舉足而不敢忘父母，是故道而不徑，舟而不游，不敢以先父母之遺體行殆。壹出言而不敢忘父母，是故惡言不出於口，忿言不反於身。不辱其身，不羞其親，可謂孝矣。」（〈祭義篇〉）

【語譯】

樂正子春在走下堂階的時候，不小心扭傷了腳，傷好了，幾個月都不出門，臉上還有憂愁的神色。他的學生便問他說：「老師的腳傷已經好了，好幾個月不出門，臉上又還有憂愁的神色，這是甚麼原因呢？」樂正子春回答說：「你問得好啊！你問得好啊！我聽我的老師曾子說過，而曾子又聽孔夫子說過：『天所生的，地所養的萬物，沒有比人更偉大的了。父母生下的是個完全沒有缺陷的子女，做子女的死時也完整無缺的交還給父母，這可說是「孝」了。沒有損毀自己的身體，沒有辱沒自己的人格，這可說是「全」了。所以君子不論是走半步或是一步路，總不敢忘記實行孝道。』如今，我竟然忘了這個孝道，所以使我憂愁啊！君子一抬起腳來走路，都不敢忘記父母，一張開口來說話，都不敢忘記父母。一抬起腳來走路都不敢忘記父母，所以總走寬廣的大道，而不走危險的小徑；渡河總是乘船過去，而不游泳；這是因為不敢把父母交付給我們的身體，去做危險的事。一張開口來說話，都不敢忘記父母，自然不會口出髒話，也不至於招惹別人的辱罵。自身沒有受辱，父母也不會蒙受恥辱，這樣，可說是盡孝道了。」

孝子將祭祀，必有齊莊之心以慮事，以具服物，以脩宮室，以治百事。及祭之日，顏色必溫，行必恐，如懼不及愛然。其奠之也，容貌必溫，身必詘，如語焉而未之然。宿者皆出，其立卑靜以正，如將弗見然。及祭之後，陶陶遂遂，如將復入然。是故，愨善不違身，耳目不違心，思慮不違親。結諸心，形諸色，而術

省之；孝子之志也。〈祭義篇〉

【語譯】

孝子將要祭祀的時候，必須以專誠而敬慎的心去考慮，以籌備祭服祭品，修飾宮室，並準備一切的事務。到祭祀當天，必須有溫和的臉色，緊張的步伐，就像生怕看不到親人一樣。當舉行祭祀的時候，態度必須溫婉，並彎曲著身體，好像親人正要說話而還沒有開口的樣子。等到助祭的來賓都退出後，仍然恭敬肅靜地正立著，好像即將看不到親人一樣。直到祭祀完畢之後，依然恍恍忽忽，好像親人還要進來的樣子。所以敬謹完美的態度一直保留在身上，耳目的所聞所見也一直留存在心上，一切的思慮都沒有離開親人。鬱結於內心，表現於外貌，時時回憶反省著；這就是孝子的心志。

賢者之祭也，必受其福，非世所謂福也。福者，備也；備者，百順之名也；無所不順者，謂之備；言內盡於己，而外順於道也。忠臣以事其君，孝子以事其親，其本一也。上則順於鬼神，外則順於君長，內則以孝於親，如此之謂備。唯賢者能備，能備然後能祭。是故，賢者之祭也，致其誠信與其忠敬，奉之以物，道之以禮，安之以樂，參之以時，明薦之而已矣，不求其為，此孝子之心也。（〈祭統篇〉）

【語譯】

賢人參與祭祀，一定能受「福」，但這個「福」，並不是世俗所說的福。因為「福」的本意是「備」；而「備」是百順的總名，沒有不順從道理叫做「備」；意思就是說：在內竭盡自己的心力，在外順從道理行事。忠臣以這個道理來侍奉國君，孝子以這個道理來孝敬父母，忠與孝都是從這「順」字引發出來的。對於上天，則順從於鬼神；對於社會，則順從於君長；對於家庭，則孝敬父母；像這樣無所不順從，才算是「備」。只有賢人能做到這樣完備的地步，能這樣完備，才能參與祭祀。所以，賢人祭祀時，表達他的誠信與忠敬，奉獻祭品，舉行典禮，奏樂娛神，祭祀合於時令，齋戒沐浴，以純潔的心進行，沒有其他的要求，這才是祭禮中「孝子」所表達的誠心。

祭者，所以追養繼孝也。孝者，畜也；順於道不逆於倫，是之謂畜。是故，孝子之事親也，有三道焉：生則養，沒則喪，喪畢則祭。養則觀其順也，喪則觀其哀也，祭則觀其敬而時也。盡此三道者，孝子之行也。（〈祭統篇〉）

【語譯】

祭祀，是用來補足及繼續父母生前未盡的奉養。所以「孝」就是「畜」；蓄積敬養父母的行為。順從為人的道理而不違背人倫，這叫做「畜」。所以，孝子侍奉父母有三個原則：父母親健在時要奉養，去世時要服喪，喪期完畢要祭祀。子女奉養父母時，觀察他是否順從；服喪時，觀察他是否哀傷；祭祀時，看他是否誠敬而按時。能做到以上三點，才合乎孝子的行為。

孔子遂言曰：「昔三代明王之政，必敬其妻子也，有道。妻也者，親之主也，敢不敬與？子也者，親之後也，敢不敬與？君子無不敬也，敬身為大。身也者，親之枝也，敢不敬與？不能敬其身，是傷其親；傷其親，是傷其本；傷其本，枝從而亡。三者，百姓之象也。身以及身，子以及子，妃以及妃，君行此三者，則愾乎天下矣，大王之道也。如此，國家順矣。」

公曰：「敢問何謂敬身？」孔子對曰：「君子過言，則民作辭；過動，則民作則。君子言不過辭，動不過則，百姓不命而敬恭。如是，則能敬其身；能敬其身，則能成其親矣。」

公曰：「敢問何謂成親？」孔子對曰：「君子也者，人之成名也。百姓歸之名，謂之君子之子，是使其親為君子也，是為成親之名也已！」

孔子遂言曰：「古之為政，愛人為大；不能愛人，不能有其身；不能有其身，不能安土；不能安土，不能樂天；不能樂天，不能成其身。」

公曰：「敢問何謂成身？」孔子對曰：「不過乎物。」公曰：「敢問君子何貴乎天道也？」孔子對曰：「貴其『不已』。如日月東西相從而不已也，是天道也；不閉其久，是天道也；無為而物成，是天道也；已成而明，是天道也。」公曰：「寡人惷愚冥煩，子志之心也。」孔子蹴然辟席而對曰：「仁人不過乎物，孝子不過乎物。是故，仁人之事親也如事天，事天如事親，是故孝子成身。」公曰：「寡人既聞此言也，無如後罪何？」孔子對曰：「君之及此言也，是臣之福也！」（〈哀公問篇〉）

【語譯】

孔子於是說道：「以前夏、商、周三代賢明君主處理政事，必定敬愛他的妻子和兒子，是有道理的。妻子，是父母親生前奉養及去世後祭祀的主理人，敢不敬愛嗎？兒子，為父母親傳宗接代的後嗣，敢不敬愛嗎？君子沒有不敬愛的，但以敬愛自身最為重要。自身，是由父母親本幹所生出來的枝葉，敢不敬愛嗎？不能敬愛自身，就是傷害了父母親；傷害父母親，就是傷害了本幹；傷害了本幹，枝葉也跟著喪亡了。敬身、敬妻、敬子這三件事，也是老百姓應有的現象。從敬愛自身推廣到百姓之身，從敬愛自己的兒子推廣到百姓的兒子，從敬愛自己的配偶推廣到百姓的配偶，君子能實踐這三件事，天下人就能敬愛自己，敬愛妻子，敬愛兒子了。這就是周代祖先太王所實行的道理，能這樣，國家的發展就順利了。」

魯哀公說：「很冒昧的請教你，怎麼樣才叫做敬愛自身呢？」孔子回答說：「君子說錯了話，人民會跟著說錯話；君子做錯了事，人民會跟著模倣。君子不說錯話，不做錯事，百姓不待命令，就做到敬愛和恭順了。這樣，就能夠敬愛自身；能夠敬愛自身，就能夠成就父母親的美名了。」

魯哀公說：「再冒昧的請教你，怎麼樣才叫做成就父母親的美名？」孔子回答說：「君子，是一個人修德成功的名稱。若百姓都把這樣一個名稱加在他身上，稱他為君子的兒子，這就是使他的父母親成為君子，也就是成就了父母親的美名了啊！」

孔子於是說道：「古人處理政事，把愛人看得最重要；不能愛人（，就會與人結仇），將不能保有他自身；不能保有他自身（，就會流離失所），將不能有安定的居所；不能有安定的居所（，就不免怨天尤人），將不能樂愛天道；不能樂愛天道（，就無法敬業樂群），將不能使自身得到成功。」

魯哀公說：「再冒昧的請教你，怎麼樣叫使自身得到成功？」孔子回答說：「不做錯誤的事。」魯哀公說：「冒昧的請教你，君子為甚麼重視天道呢？」孔子回答說：「天道的可貴，在於它的運行不止，（君臣舉行朝會不輟，）猶如太陽和月亮東升西落，相從不止，這就是天道；（君子以政教開悟百姓，不知倦怠，）猶如上天開啟萬物，而不知休止，這就是天道；（君子不需營求，而天下安定，）猶如天不見有何作為，而萬物盡成，這就是天道；（君子化民成俗，而功德顯著，）猶如上天化育萬物，而功效彰明，這就是天道。」魯哀公說：「寡人愚蠢，冥頑煩躁，你心裡是明白的（，請你說得更簡明些）。」孔子站起來，離開席位而回答說：「仁人不做錯事，孝子也不做錯事。也就是說，仁人奉侍雙親如同敬奉上天，敬奉上天如同奉侍雙親，孝子就是因此而得到自身的成功。」魯哀公說：「我已經聽到你這些話，只怕將來有差錯，怎麼辦？」孔子回答說：「你能講這樣的話，那是我的福氣啊！」

子云：「善則稱親，過則稱己，則民作孝。」〈大誓〉曰：「予克紂，非予武，惟朕文考無罪；紂克予，非朕文考有罪，惟予小子無良。」（〈坊記篇〉）

【語譯】

孔子說：「有善行就說是父母親做的，有過錯就說是自己做的，這樣，人民就會興起孝順的風氣。」《尚書・大誓篇》上說：「我所以能打敗商紂，並非靠我的武力，是因為我的父親文王無罪（，所以上天幫助我）；如果商紂打敗了我，則不是我的父親文王有罪，而是因為我的不肖（，所以上天懲罰我）。」

子云：「君子弛其親之過，而敬其美。」《論語》曰：「三年無改於父之道，可謂孝矣。」高宗云：「三年其惟不言，言乃讙。」（〈坊記篇〉）

【語譯】

孔子說：「君子忘記父母親的過失，而敬重他們的美德。」《論語・學而篇》上說：「父親去世三年之後，兒子仍然遵行父親的主張，可說是孝順了。」殷高宗說：「（父王去世，）三年不發布政令，秉承著先君的政教；三年過後發布政令，使人民都樂於接受。」

子云：「從命不忿，微諫不倦，勞而不怨，可謂孝矣。」《詩》云：「孝子不匱。」（〈坊記篇〉）

【語譯】

孔子說：「遵從父母的命令，不可有不滿意的表示，即使心中有所不滿，應當含蓄的再三規勸，雖然勞苦，也不可埋怨，這樣，才可以叫做『孝』。」《詩經・大雅・既醉篇》上說：「孝子關懷父母的心意，是永遠不會缺乏的。」

子云：「睦於父母之黨，可謂孝矣。」故君子因睦以合族。《詩》云：「此令兄弟，綽綽有裕；不令兄弟，交相為瘉。」（〈坊記篇〉）

【語譯】

孔子說：「能夠與父母的親族和睦相處，可稱得上『孝』了。」所以君子因和睦而聚合族人舉行宴會。《詩經．小雅．角弓篇》上說：「有善良的兄弟，能使生活寬容充裕；那些不善良的兄弟們，則彼此互相詬病。」

子云：「小人皆能養其親，君子不敬，何以辨？」（〈坊記篇〉）

【語譯】

孔子說：「即使小人，也能供養雙親；君子供養雙親如果不恭敬，那與小人又有甚麼分別呢？」

子云：「父母在，不稱老，言孝不言慈；閨門之內，戲而不歎。君子以此坊民，民猶薄於孝而厚於慈。」〈坊記篇〉

【語譯】

孔子說：「父母親還健在的時候，做子女的不敢稱老；平常只講求如何孝敬，而不敢企求雙親要對自己如何慈愛；在私人的居處，可嬉戲而不可憂嘆。君子用這些來作為人民的規範，然而人民還是實行孝道的少，而企求慈愛的多。」

子云：「長民者，朝廷敬老，則民作孝。」〈坊記篇〉

【語譯】

孔子說：「作為人民的君長，在朝廷中尊敬老年人，人民便會興起孝順的風氣。」

子云：「祭祀之有尸也，宗廟之有主也，示民有事也。脩宗廟，敬祀事，教民追孝也。以此坊民，民猶忘其親。」〈坊記篇〉

【語譯】

孔子說：「祭祀時有受祭的『尸』，宗廟內有神主，這是告示人民有敬事的對象。修建宗廟，恭敬處理祭祀的事，是要教導人民繼續對雙親生前未盡的奉養。用這些來規範人民，人民還是有忘記雙親的。」

子曰：「舜其大孝也與！德為聖人，尊為天子，富有四海之內；宗廟饗之，子孫保之。故大德，必得其位，必得其祿，必得其名，必得其壽。故天之生物，必因其材而篤焉，故栽者培之，傾者覆之。《詩》曰：『嘉樂君子，憲憲令德，宜民宜人，受祿

于天；保佑命之，自天申之。』故大德者必受命。」〈中庸篇〉

【語譯】

孔子說：「舜真是個大孝的人呢！論他的道德，已成為聖人；論他的尊貴，已做到天子；論他的財富，已擁有整個天下；而死後還有宗廟祭祀他，由子孫永遠保持這祭禮，世世不絕。所以有盛大德行的人，必定得到最尊貴的地位，必定得到最豐厚的福祿，必定得到最高的聲名，也必定得到最長的壽命。因為天生萬物，一定就其材質而更予加厚，所以可栽培的就加以培植，傾危的就將它推倒。《詩經・大雅・嘉樂篇》上說：『善美快樂的君子，有盛大的美德，既宜於撫養萬民，又宜於任用官人，他接受上天的降福；上天保佑他，命他為天子，又更加賜福給他。』因此有大德行的人，一定接受天命為天子。」

子曰：「武王、周公其達孝矣乎！夫孝者善繼人之志、善述人之事者也。春秋，脩其祖廟，陳其宗器，設其裳衣，薦其時食。」

「宗廟之禮，所以序昭穆也；序爵，所以辨貴賤也；序事，所以辨賢也；旅酬下為上，所以逮賤也；燕毛，所以序齒也。」

「踐其位，行其禮，奏其樂；敬其所尊，愛其所親；事死如事生，事亡如事存，孝之至也。」

「郊社之禮，所以事上帝也；宗廟之禮，所以祀乎其先也。明乎郊社之禮、禘嘗之義，治國其如示諸掌乎！」（〈中庸篇〉）

【語譯】

孔子說：「武王、周公，真是天下所通稱的能盡孝道的人吧！所謂孝，就是善於繼承先人志向、善於完成先人事業的德行啊！春秋祭祀的時候，修飾好祖廟，陳列好祭器，擺設先祖穿過的衣服，供奉四季應時的食物。」

「宗廟祭祀的禮節，是用來排定左昭右穆的次序的；按官爵的大小排列，是用來辨別貴賤的；分配祭祀時的職事，是用來分別才能的；互相飲酒的時候，晚輩向尊長敬酒，自己先導飲，尊長後酬飲，是用來使光榮下逮於晚輩的；飲宴的時候，按毛髮的顏色決定座次，是用來分別年齡長幼的。」

「登上先王的座位，實行先王的禮儀，演奏先王的音樂，尊敬先王所尊敬的人，親愛先王所親愛的人；奉事已死的尊親，如同他生前一樣；奉事過世的祖先，像是他活著時一樣，這真可說是孝的極致了。」

「祭天地的禮節，是用來奉事上帝的；祭祖廟的禮節，是用來祭祀祖先的。能夠明瞭祭天地的禮節，和禘祭、秋祭的意義，那麼治理國家就像是看自己手掌一樣的容易了。」

哀公問政。子曰：「文、武之政，布在方策。其人存，則其政舉；其人亡，則其政息。人道敏政，地道敏樹。夫政也者，蒲盧也。故為政在人，取人以身，脩身以道，脩道以仁。仁者，人也，親親為大；義者，宜也，尊賢為大。親親之殺，尊賢之等，禮所生也。（在下位，不獲乎上，民不可得而治矣。）故君子不可以不脩身；思脩身，不可以不事親；思事親，不可以不知人；思知人，不可以不知天。」（〈中庸篇〉）

【語譯】

魯哀公問治國的道理。孔子說：「文王、武王施政的方法，都記載在典冊上。當他們在位的時候，這種良好政治制度才能施行；他們死了，這種政治制度也就廢棄了。做人君的法則，在於趕快修明政治；利用土地的法則，在於趕快從事種植。政治就像蒲葦一樣，只要不違反本性，便很容易見到成效的。所以主持政治，在於能得到人才；選取人才，有賴於自身的修養；修養自身，有賴於人道的修明；修明人道，有賴於仁心的發揮。所謂仁，就是人性的表現，其中以親愛自己的親人最為重要；所謂義，就是合宜的行為，其中以尊重賢人最為重要。親愛親族有親疏的差別，尊重賢人也有高下的等級，禮就由此而產生。所以君子不可以不修身；要想修身，不可以不孝事雙親，要想孝事雙親，不可以不知道人性；要想知道人性，不可以不知道天理。」

《詩》云：「穆穆文王，於緝熙敬止。」為人君，止於仁；為人臣，止於敬；為人子，止於孝；為人父，止於慈；與國人交，止於信。（〈大學篇〉）

【語　譯】

《詩經‧大雅‧文王篇》上說：「仁德美好的文王，不斷地發揮他的光明德性，而謹慎地使自己處於至善的境地。」做國君時，一心做到仁愛；做臣子時，一心做到莊敬；做子女時，一心做到孝順；做父母時，一心做到慈愛；與人交往，一心做到信實。

孝者，所以事君也；弟者，所以事長也；慈者，所以使眾也。

（〈大學篇〉）

【語　譯】

能孝順父母，也就能夠奉事國君；能尊敬兄長，也就能夠尊敬長上；能慈愛幼小，也就能夠愛民而指使民眾。

所謂平天下在治其國者，上老老而民興孝；上長長而民興弟；上恤孤而民不倍。是以君子有絜矩之道也。〈大學篇〉

【語譯】

所謂平天下在於治國的意思，是說國君能敬老，國人自然也就行孝；國君能尊長，國人自然也就行悌；國君能憐恤孤兒，國人自然也就不背棄幼小。所以在位者要有推己及人的恕道。

成婦禮，明婦順，又申之以著代，所以重責婦順焉也。婦順者，順於舅姑，和於室人；而后當於夫，以成絲麻布帛之事，以審守委積蓋藏。是故，婦順備而后內和理；內和理而后家可長久也。故聖王重之。〈昏義篇〉

【語譯】

完成了媳婦的禮，表明了媳婦的孝順之意，又再三表示她可以接掌主婦的職責，這樣隆重地待她，是要她實行做媳婦的孝順。所謂媳婦的孝順，是要順從公公婆婆的旨意，並與家中其他女眷和睦相處，這樣才能幫助丈夫持家，以經理絲麻布帛的事，並保管儲蓄的財產。所以，媳婦能孝順，然後家中才能和諧安定；內部和諧安定，這個家才能長久不衰。所以聖王重視婦女孝順之道。

十一、大戴禮記

曾子曰：「忠者，其孝之本與？孝子不登高，不履危，痺亦弗憑；不苟笑，不苟訾，隱不命，臨不指，故不在尤之中也。

孝子惡言死焉，流言止焉，美言興焉；故惡言不出於口，煩言不及於己。

故孝子之事親也，居易以俟命，不興險行以徼幸；孝子游之，暴人違之；出門而使，不以或為父母憂也；險塗隘巷，不求先焉，以愛其身，以不敢忘其親也。

孝子之使人也不敢肆，行不敢自專也；父死三年，不敢改父之道；又能事父之朋友，又能率朋友以助敬也。

君子之孝也，以正致諫；士之孝也，以德從命；庶人之孝也，以力惡食；任善，不敢臣三德。

故孝之於親也，生則有義以輔之，死者哀以莅焉，祭祀則莅之以敬；如此，而成於孝子也。」（〈曾子本孝篇〉）

【語譯】

曾子說：「忠，是孝的根本嗎？孝子不攀登高峻的地方，不走過危險的地方，也不憑臨低下的深淵，不隨便嘻笑，不隨意說人壞話，在隱暗的地方不呼叫人，在高處望下時不指畫，所以不使自身陷在罪過之中。

孝子把醜惡的話消滅，把流傳的謠言止息，把美好的話傳揚起來；所以醜惡的話不會從口中說出，瑣碎厭煩的話也不會扯到自己身上來。

所以孝子侍奉雙親，是處在安穩平易的環境中，以等待天命；不做出危險的行為，來追求非分的幸福；遇到孝順的人，就和他交遊；遇到兇暴的人，就遠離開他；奉命出門為使臣，不讓任何一件事使父母擔憂；走在危險的道路和狹隘的街巷，不和別人爭先；這樣愛護自身，是因為不敢忘記父母親啊。

孝子差使人時，不敢用盡人家的力量，要做甚麼事，也不敢自作主張；父親去世三年之內，不敢改變父親的做法；又能奉侍父親的朋友，並引導朋友助成他們對父母親的孝敬。

君子的孝，是以正道規勸父母；士人的孝，是以孝德遵從父母的命令；庶人的孝，是以勞力供養父母，總以為父母的飲食不夠甘美；（至於君主的孝是）任用善人，而且不敢把有德行的三老看作是臣子。

所以孝子對於父母，當父母在世的時候，用道義來輔助他們；當父母過世的時候，以哀戚的心情主持喪禮；在祭祀的時候，用誠敬的態度祭拜。能做到這樣，就是盡到孝子的義務了。」

曾子曰：「君子立孝，其忠之用，禮之貴。

故為人子而不能孝其父者，不敢言人父不畜其子者；為人弟而不能承其兄者，不敢言人兄不能順其弟者；為人臣而不能事其君者，不敢言人君不能使其臣者也。故與父言，言畜子；與子言，言孝父；與兄言，言順弟；與弟言，言承兄；與君言，言使臣；與臣言，言事君。

君子之孝也，忠愛以敬；反是，亂也。盡力而有禮，莊敬而安之；微諫不倦，聽從而不怠，懽欣忠信，咎故不生，可謂孝矣。

盡力無禮，則小人也；致敬而不忠，則不入也。是故禮以將其力，敬以入其忠；飲食移味，居處溫愉，著心於此，濟其志也。

子曰：『可入也，吾任其過；不可入也，吾辭其罪。』《詩》

云：『有子七人，莫慰母心。』子之辭也。『夙興夜寐，無忝爾所生。』言不自舍也。不恥其親，君子之孝也。

是故未有君，而忠臣可知者，孝子之謂也；未有長，而順下可知者，弟弟之謂也；未有治，而能仕可知者，先脩之謂也。

故曰：孝子善事君，弟弟善事長，君子一孝一弟，可謂知終矣。」（〈曾子立孝篇〉）

【語譯】

曾子說：「君子建立孝道，是用內心的誠懇，並重視行為的規範。所以做人兒子而不能孝敬他父親的，不敢批評人家父親不能畜養他的兒子；做人弟弟而不能承奉兄長的，不敢批評人家哥哥不能愛護他的弟弟；做人臣子而不能侍奉他君主的，不敢批評人家君主不能善使他的臣子。所以和做父親的說話，談論的是畜養兒子的事；和做兒子的說話，談論的是孝敬父母的事；和做兄長的說話，談論的是愛護弟弟的事；和做弟弟的說話，談論的是承奉兄長的事；與做君主的說話，談論的是使令臣子的事；與做臣子的說話，談論的是侍奉君主的事。

君子孝順父母，是以忠誠、喜愛和尊敬；如果違反這種做法，就是悖亂了。竭盡自己的心力，並講求禮儀，態度莊嚴恭敬，而使父母感到安適；婉言規勸父母過失，而不感覺勞倦；父母聽從了，侍奉他們，仍不懈怠，歡樂欣喜，竭盡忠誠，災害和變故就不會發生，這可說是孝了。

竭盡自己的力量，而不注意禮儀，只是沒有受過教育的人罷了；態度恭敬，而內心並不忠誠，只是做表面工夫，並沒有深入內心。所以禮儀幫助他盡力，恭敬要注入忠誠；隨著父母親的嗜欲，而改變飲食的口味，使父母親住的地方，充滿了溫暖和愉悅，若能用心在這些事情上，就可以完成他盡孝道的心願了。

孔子說：『規勸的話如果父母聽得進去，我就承當那過錯；如果聽不進去，我就責備自己的罪過。』《詩經・邶風・凱風篇》上說：『有七個子女，卻沒有一個能安慰母親的心。』是子女責備自己的話。《詩經・小雅・小宛篇》上也說：『從早起到晚睡，不要給你的生身父母帶來恥辱。』是說片刻也不要鬆懈。不把恥辱加在父母親身上，這就是君子的孝啊。

所以還沒有做官事君，就知道他會成為忠臣，是指孝子說的；還沒有侍奉鄉里中的長者，就知道他會順承謙下的，是指能行悌道的弟弟說的；還沒有治國治民，就知道他能出仕作官的，是指在家庭中先做脩身工夫的人說的。

所以說：能行孝道的兒子，最會侍奉君上；能行悌道的弟弟，最會侍奉長者；從君子所行的孝道和悌道來看，可以說是知道他後來的結果了。」

單居離問於曾子曰：「事父母有道乎？」曾子曰：「有。愛而敬。父母之行若中道，則從；若不中道，則諫；諫而不用，行之如由己。從而不諫，非孝也；諫而不從，亦非孝也。孝子之諫，達善而不敢爭辨；爭辨者，作亂之所由興也。由己為無咎，則寧；

由己為賢人，則亂。孝子無私樂，父母所憂憂之，父母所樂樂之。孝子唯巧變，故父母安之。若夫坐如尸，立如齊，弗訊不言，言必齊色，此成人之善者也，未得為人子之道也。」（〈曾子事父母篇〉）

【語譯】

單居離問曾子說：「侍奉父母有方法嗎？」曾子說：「有，就是愛和敬。父母的行為若合乎正道，就依從他們；如果不合於正道，就規勸他們；如果規勸父母的話父母不能採用，就照著父母的意思去做，好像是自己出的主意一樣。依從父母的錯誤，而不加以規勸，不是孝；規勸無效而不再依從，也不是孝。孝子的規勸，只是在表達良善的道理而不敢爭辨；爭辨，是禍亂興起的根由。使父母經由自己的規勸去做，為的是沒有過錯，就安寧了；若使父母經由自己的規勸行事，為的是博取賢能的聲名，就是犯上作亂了。孝子沒有私自的快樂，以父母所憂愁的為憂愁，以父母所快樂的為快樂。孝子唯有能夠隨著父母的憂愁和快樂而變化，父母才能安適。

至於坐著就像祭祀時的尸那樣莊嚴，站著就像齋戒時那樣恭敬，不經訊問不說話，說話時必定容色嚴肅，這是成年人應有的美德，不能拿來作為做人兒子的道理。」

（曾子曰：）「親戚不悅，不敢外交；近者不親，不敢求遠；小者不審，不敢言大。故人之生也，百歲之中，有疾病焉，有老幼焉，故君子思其不可復者而先施焉。親戚既歿，雖欲孝，誰為孝？老年耆艾，雖欲弟，誰為弟？故孝有不及，弟有不時，其此之謂與！」（〈曾子疾病篇〉）

【語譯】

（曾子說：）「不能得到父母的歡心，就不敢到外頭結交朋友；不能得到周遭人的親愛，就不敢去親近遠方的人；小的事情還不能詳知，就不敢談論大道理。所以人生在世上，百年當中，有小病、大病，有老年、幼年，所以君子應當思考那些再也回不來的事，而先及時實行。父母已經去世，再想要孝順，孝順誰呢？活到五、六十歲，想要尊敬長輩，尊敬誰呢？所以說孝順有趕不及的，敬長有不得時的，就是這種情形吧！」

（子貢曰：）「滿而不滿，實如虛，過之如不及，先生難之；不學其貌，竟其德，敦其言；於人也，無所不信。其橋大人也，常以皓皓，是以眉壽，是曾參之行也。孔子曰：『孝，德之始也；弟，德之序也；信，德之厚也；忠，德之正也。參也，中夫四德者矣哉。』以此稱之也。」（〈衛將軍文子篇〉）

【語譯】

（子貢說：）「滿足而不自滿，充實宛如空虛，超過猶如不及，做父兄的要做到這些尚且還有困難；不在表面做成君子的樣子，而是貫徹實踐君子的德行，言談敦厚，對人無不信實。他奉養父母，永遠用純潔的心，所以使父母長壽，這是曾參的行為。孔子說：『孝是道德的開端，悌是道德的次序，信是道德的充厚，忠是道德的正軌。曾參啊！是合乎這四種美德的人。』孔子這樣稱讚他。」

凡不孝生於不仁愛也，不仁愛生於喪祭之禮不明，喪祭之禮所以教仁愛也。致愛故能致喪祭，春秋祭祀之不絕，致思慕之心也。夫祭祀致饋養之道也，死且思慕饋養，況於生而存乎？故曰喪祭之禮明，則民孝矣。故有不孝之獄，則飾喪祭之禮也。〈盛

德篇〉）

【語譯】

大凡不能孝養雙親，是由於不能與人相親相愛；不能相親相愛，是由於喪葬祭祀的禮儀不修明；喪葬祭祀的禮儀正是用來教導人民相親相愛的。能盡愛心，所以能盡到喪葬祭祀的禮儀，春秋兩季的祭祀不斷，正是表達孝子思慕的心啊！祭祀，是盡到饋食奉養的表現，雙親過世後，尚且思慕而饋養，何況是生前在世的時候呢？所以說，喪葬祭祀的禮儀修明，百姓自然能孝養雙親了。因此，有不孝養雙親的訟獄，就該整飭喪葬祭祀的禮儀了。

（孔子曰：）「父之於子，天也；君之於臣，天也。有子不事父，有臣不事君，是非反天而到行耶？故有子不事父，不順；

有臣不事君，必刃。」（〈虞戴德篇〉）

【語譯】

（孔子說：）「父親的地位對於子女來說，是天；君主的地位對於臣子來說，也是天。若有子女不孝於雙親，有臣子不忠於君主，豈不是違反天理，倒行逆施了嗎？所以有子女不孝於雙親的，要治以逆倫的大罪；有臣子不忠於君主的，要處以斧鉞的重刑。」

（周文王曰：）「忠愛以事其親，歡欣以敬之，盡力而不面敬以要人，以故名不生焉，曰忠孝者也。」（〈文王官人篇〉）

【語譯】

（周文王說：）「以真誠的愛心來侍奉雙親，以歡欣的心情來敬奉他們，盡自己的能力去做，而不只是表面的恭敬以博取別人的稱譽，因此別人不一定知道他的孝名，這才是真正的孝。」

恩厚者，其服重；故為父斬衰三年，以恩制者。門內之治，恩掩義；門外之治，義斷恩。資於事父以事君，而敬同，貴貴尊尊，義之大者也。故為君亦服斬衰三年，以義制者也。（〈本命篇〉）

【語譯】

對親情深厚的人，為他服喪也特別重；所以父親過世而服斬衰，喪期三年，這是依據感情而制定的。凡是處理親族的事，是感情重於理智；處理社會關係的事，是理智重於感情。用對待父親的禮節來對待君主，那分敬意是相同的，敬重尊貴的人，這是純理性的行為。所以國君去世，臣子也為他服斬衰，喪期三年，那是依照理性而制定的。

古籍今注新譯叢書

哲學類

新譯四書讀本　謝冰瑩等編譯
新譯學庸讀本　王澤應注譯
新譯論語新編解義　胡楚生編著
新譯孝經讀本　賴炎元等注譯
新譯易經讀本　郭建勳注譯
新譯周易六十四卦經傳通釋　黃慶萱注譯
新譯乾坤經傳通釋　黃慶萱注譯
新譯易經繫辭傳解義　吳　怡著
新譯禮記讀本　姜義華注譯
新譯儀禮讀本　顧寶田等注譯
新譯孔子家語　羊春秋注譯
新譯老子讀本　余培林注譯
新譯帛書老子　趙　鋒注譯
新譯老子解義　吳　怡著
新譯莊子讀本　黃錦鋐注譯
新譯莊子讀本　張松輝注譯
新譯莊子本義　水渭松注譯
新譯莊子內篇解義　吳　怡著
新譯列子讀本　莊萬壽注譯
新譯管子讀本　湯孝純注譯
新譯墨子讀本　李生龍注譯
新譯公孫龍子　丁成泉注譯
新譯晏子春秋　陶梅生注譯
新譯鄧析子　徐忠良注譯
新譯荀子讀本　王忠林注譯
新譯尹文子　徐忠良注譯
新譯尸子讀本　水渭松注譯
新譯鶡冠子　趙鵬團注譯
新譯鬼谷子　王德華等注譯
新譯韓非子　傅武光等注譯
新譯呂氏春秋　朱永嘉等注譯
新譯韓詩外傳　孫立堯注譯
新譯淮南子　熊禮匯注譯
新譯春秋繁露　朱永嘉等注譯
新譯新書讀本　饒東原注譯
新譯新語讀本　王　毅注譯
新譯潛夫論　彭丙成注譯
新譯論衡讀本　蔡鎮楚注譯
新譯申鑒讀本　林家驪等注譯
新譯人物志　吳家駒注譯
新譯張載文選　張金泉注譯
新譯近思錄　張京華注譯
新譯傳習錄　李生龍注譯
新譯呻吟語摘　鄧子勉注譯
新譯明夷待訪錄　李廣柏注譯

文學類

新譯詩經讀本　滕志賢注譯
新譯楚辭讀本　林家驪注譯
新譯楚辭讀本　傅錫壬注譯
新譯文心雕龍　羅立乾注譯
新譯六朝文絜　蔣遠橋注譯
新譯世說新語　劉正浩等注譯
新譯昭明文選　周啟成等注譯
新譯古文觀止　謝冰瑩等注譯
新譯古文辭類纂　黃　鈞等注譯
新譯樂府詩選　溫洪隆注譯
新譯古詩源　馮保善注譯
新譯千家詩　邱燮友等注譯
新譯詩品讀本　成　林等注譯
新譯花間集　朱恒夫注譯
新譯南唐詞　劉慶雲注譯
新譯絕妙好詞　聶安福注譯
新譯唐詩三百首　邱燮友注譯
新譯宋詩三百首　陶文鵬注譯
新譯宋詞三百首　汪　中注譯
新譯宋詞三百首　劉慶雲注譯
新譯元曲三百首　賴橋本等注譯
新譯明詩三百首　趙伯陶注譯
新譯清詩三百首　王英志注譯
新譯清詞三百首　陳水雲等注譯
新譯唐人絕句選　卞孝萱等注譯
新譯唐才子傳　戴揚本注譯
新譯拾遺記　石　磊注譯
新譯搜神記　黃　鈞注譯
新譯唐傳奇選　束　忱等注譯
新譯宋傳奇小說選　束　忱注譯
新譯明傳奇小說選　陳美林等注譯
新譯容齋隨筆選　朱永嘉等注譯
新譯明散文選　周明初注譯
新譯明清小品文選　鄭　婷注譯

新譯人間詞話　馬自毅注譯
新譯白香詞譜　劉慶雲注譯
新譯幽夢影　馮保善注譯
新譯菜根譚　吳家駒注譯
新譯小窗幽記　馬美信注譯
新譯圍爐夜話　馬美信注譯
新譯郁離子　吳家駒注譯
新譯歷代寓言選　黃瑞雲注譯
新譯賈長沙集　林家驪注譯
新譯揚子雲集　葉幼明注譯
新譯曹子建集　曹海東注譯
新譯建安七子詩文集　韓格平注譯
新譯阮籍詩文集　林家驪注譯
新譯嵇中散集　崔富章注譯
新譯陸機詩文集　王德華注譯
新譯陶淵明集　溫洪隆注譯
新譯江淹集　羅立乾等注譯
新譯庾信詩文選　歸　青注譯
新譯初唐四傑詩集　李福標注譯
新譯駱賓王文集　黃清泉注譯
新譯王維詩文集　陳鐵民注譯
新譯孟浩然詩集　楊　軍注譯
新譯李白詩全集　郁賢皓注譯
新譯李白文集　郁賢皓注譯
新譯杜甫詩選　張忠綱等注譯
新譯杜詩菁華　林繼中注譯
新譯高適岑參詩選　孫欽善等注譯
新譯昌黎先生文集　周啟成等注譯
新譯劉禹錫詩文選　閻　琦注譯
新譯柳宗元文選　卞孝萱等注譯
新譯白居易詩文選　陶　敏等注譯
新譯元稹詩文選　郭自虎注譯
新譯李賀詩集　彭國忠注譯
新譯杜牧詩文集　張松輝注譯
新譯李商隱詩選　朱恒夫等注譯
新譯范文正公選集　王興華等注譯
新譯蘇洵文選　羅立剛注譯
新譯蘇軾文選　滕志賢注譯
新譯蘇軾詞選　鄧子勉注譯
新譯蘇軾詩選　鄧子勉注譯
新譯蘇轍文選　朱　剛注譯
新譯曾鞏文選　高克勤注譯
新譯王安石文選　沈松勤注譯
新譯唐宋八大家文選　鄧子勉注譯
新譯柳永詞集　侯孝瓊注譯
新譯李清照集　姜漢椿等注譯
新譯陸游詩文選　韓立平注譯
新譯辛棄疾詞選　聶安福注譯
新譯歸有光文選　鄔國平注譯
新譯唐順之詩文選　馬美信注譯
新譯徐渭詩文選　周　群等注譯
新譯袁宏道詩文選　孫立堯注譯
新譯薑齋文集　平慧善注譯
新譯顧亭林文集　劉九洲注譯
新譯納蘭性德詞　馮　乾注譯
新譯方苞文選　鄔國平等注譯
新譯閒情偶寄　馬美信注譯
新譯鄭板橋集　朱崇才注譯
新譯袁枚詩文選　王英志注譯
新譯李慈銘詩文選　潘靜如注譯
新譯聊齋誌異選　任篤行等注譯
新譯閱微草堂筆記　嚴文儒注譯
新譯浮生六記　馬美信注譯
新譯弘一大師詩詞全編　徐正綸編著

歷史類

新譯史記　韓兆琦注譯
新譯漢書　吳榮曾等注譯
新譯後漢書　魏連科等注譯
新譯三國志　吳樹平等注譯
新譯資治通鑑　張大可等注譯
新譯史記─名篇精選　韓兆琦注譯
新譯尚書讀本　吳　璵注譯
新譯尚書讀本　郭建勳注譯
新譯周禮讀本　賀友齡注譯
新譯逸周書　牛鴻恩注譯
新譯左傳讀本　郁賢皓等注譯
新譯公羊傳　雪　克注譯
新譯穀梁傳　顧寶田注譯
新譯春秋穀梁傳　周　何注譯
新譯戰國策　溫洪隆注譯
新譯國語讀本　易中天注譯
新譯說苑讀本　左松超注譯
新譯說苑讀本　羅少卿注譯
新譯新序讀本　葉幼明注譯
新譯吳越春秋　黃仁生注譯
新譯西京雜記　曹海東注譯

新譯列女傳　黃清泉注譯
新譯越絕書　劉建國注譯
新譯燕丹子　曹海東注譯
新譯東萊博議　李振興等注譯
新譯唐六典　朱永嘉等注譯
新譯唐摭言　姜漢椿注譯

宗教類

新譯金剛經　徐興無注譯
新譯高僧傳　朱恒夫等注譯
新譯碧巖集　吳　平注譯
新譯百喻經　顧寶田注譯
新譯楞嚴經　賴永海等注譯
新譯梵網經　王建光注譯
新譯圓覺經　商海鋒注譯
新譯法句經　劉學軍注譯
新譯六祖壇經　李中華注譯
新譯禪林寶訓　李中華注譯
新譯維摩詰經　陳引馳等注譯
新譯經律異相　顏洽茂注譯
新譯阿彌陀經　蘇樹華注譯
新譯無量壽經　邱高興注譯
新譯無量壽經　蘇樹華注譯
新譯妙法蓮華經　張松輝注譯
新譯景德傳燈錄　顧宏義注譯
新譯大乘起信論　韓廷傑注譯
新譯釋禪波羅蜜　蘇樹華注譯
新譯八識規矩頌　倪梁康注譯
新譯永嘉大師證道歌　蔣九愚注譯
新譯華嚴經入法界品　楊維中注譯
新譯地藏菩薩本願經　李承貴注譯
新譯悟真篇　劉國樑等注譯
新譯无能子　張松輝注譯
新譯坐忘論　張松輝注譯
新譯列仙傳　張金嶺注譯
新譯抱朴子　李中華注譯
新譯神仙傳　周啟成注譯
新譯性命圭旨　傅鳳英注譯
新譯老子想爾注　顧寶田等注譯
新譯周易參同契　劉國樑注譯
新譯道門觀心經　王　卡注譯
新譯養性延命錄　曾召南注譯
新譯樂育堂語錄　戈國龍注譯
新譯冲虛至德真經　張松輝注譯
新譯長春真人西遊記　顧寶田等注譯
新譯黃庭經・陰符經　劉連朋等注譯

軍事類

新譯司馬法　王雲路注譯
新譯尉繚子　張金泉注譯
新譯三略讀本　傅　傑注譯
新譯六韜讀本　鄔錫非注譯
新譯吳子讀本　王雲路注譯
新譯孫子讀本　吳仁傑注譯
新譯李衛公問對　鄔錫非注譯

教育類

新譯爾雅讀本　陳建初等注譯
新譯顏氏家訓　李振興等注譯
新譯聰訓齋語　馮保善注譯
新譯曾文正公家書　湯孝純注譯
新譯三字經　黃沛榮注譯
新譯百家姓　馬自毅等注譯
新譯幼學瓊林　馬自毅注譯
新譯增廣賢文・千字文　馬自毅注譯
新譯格言聯璧　馬自毅注譯

政事類

新譯商君書　貝遠辰注譯
新譯鹽鐵論　盧烈紅注譯
新譯貞觀政要　許道勳注譯

地志類

新譯山海經　楊錫彭注譯
新譯水經注　陳橋驛等注譯
新譯佛國記　楊維中注譯
新譯大唐西域記　陳　飛等注譯
新譯洛陽伽藍記　劉九洲注譯
新譯徐霞客遊記　黃　珅注譯
新譯東京夢華錄　嚴文儒注譯

◎新譯近思錄

張京華／注譯

國學大師錢穆說：「後人治宋代理學，無不首讀《近思錄》。」《近思錄》是宋代大儒朱熹為重建儒學道統，而與呂祖謙共同編訂的著作，依次輯錄北宋著名道學家周敦頤、程顥、程頤、張載四人的有關言論與事蹟，並反映朱、呂二人自己的思想，是宋代理學思想的精華錄。本書注譯詳盡，剖析精到，是您親近宋代理學的最佳導引。

國家圖書館出版品預行編目資料

新譯孝經讀本／賴炎元,黃俊郎注譯.——三版一刷.
——臺北市：三民，2024
面；　公分.——(古籍今注新譯叢書)

ISBN 978-957-14-7802-9（平裝）
1. 孝經 2. 注釋

193.12　　113006614

古籍今注新譯叢書
新譯孝經讀本

注譯者｜賴炎元　黃俊郎
創辦人｜劉振強
發行人｜劉仲傑
出版者｜三民書局股份有限公司(成立於1953年)

三民網路書店
https://www.sanmin.com.tw

地　址｜臺北市復興北路386號　(復北門市)　(02)2500-6600
臺北市重慶南路一段61號(重南門市)　(02)2361-7511

出版日期｜初版一刷 1992年4月
二版六刷 2019年11月
三版一刷 2024年6月
書籍編號｜S030560
ISBN｜978-957-14-7802-9